Jonas Verlag

Michael Hunziker

Transfiguratione zwischen Deprivation, Negativität und Thanatos

JONAS VERLAG

Zürcher Schriften zur Erzählforschung und Narratologie (ZSEN)

Band 7

Herausgegeben von Harm-Peer Zimmermann und Simone Stiefbold

Besuchen Sie uns im Internet: www.asw-verlage.de

Layout: Satzzentrale GbR, Marburg
Satz: Monika Aichinger, arts + science weimar GmbH
Covergestaltung: Franziska Stubenrauch, Monika Aichinger, arts + science weimar GmbH

Druck: Beltz Bad Langensalza GmbH
ISBN 978-3-89445-594-1

Bibliografische Information der Deutschen Nationalbibliothek:
Die Deutsche Nationalbibliothek verzeichnet diese Publikation in der Deutschen Nationalbibliografie; detaillierte bibliografische Daten sind im Internet über http://d-nb.de abrufbar.

Inhalt

Anhang

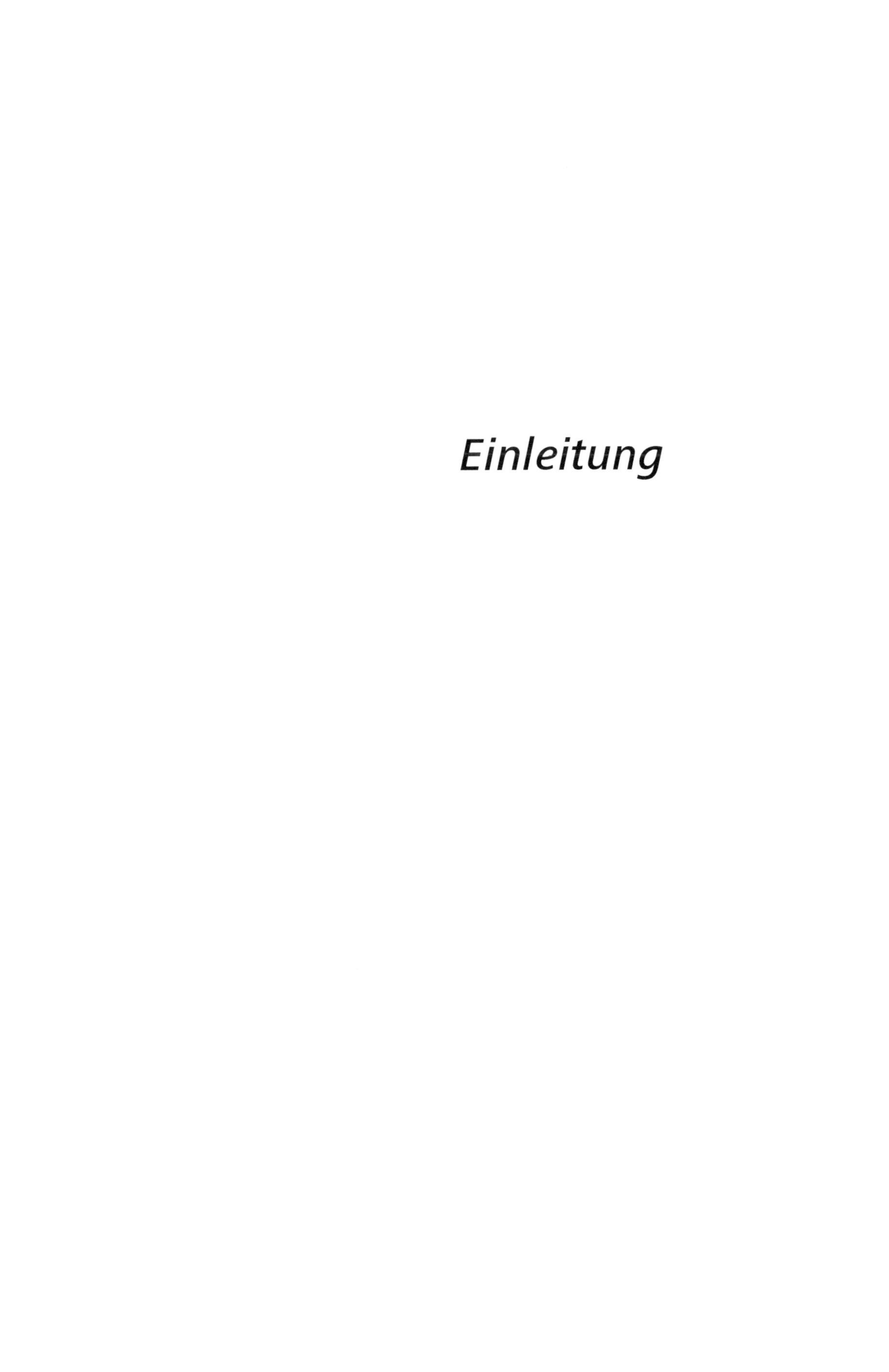

Einleitung

Zombie Pop: Der Mensch im Fun-House-Spiegel

«They work faithfully, they are not worried about long hours. You could make good use of men like mine on your plantations» – so klärt Mr. Legendre (Bela Lugosi) im Film «White Zombie» (1932) [1] als Besitzer einer Zuckermühle in Haiti seinen Besucher Charles Beaumont (Robert Frazer) über die Vorzüge seiner paralysierten Arbeitskräfte auf, die ihm aufs Wort gehorchen. Beaumont ist bei Legendre vorstellig geworden, weil er sich erhofft, mit dessen magisch-toxischen Möglichkeiten den widerstrebenden Willen seiner angebeteten Madelaine Short (Madge Bellamy) zu seinen Gunsten durch eine «Zombiefikation» zu vernebeln und sie zu verführen. Während in «White Zombie», der als erster Film des Zombiegenres gilt, die Zombies also Opfer sind, die durch eine Vergiftung und Verzauberung ihrer kognitiven Fähigkeiten beraubt wurden, sieht es heute etwas anders aus: In der Horrorkomödie «The Dead Don't Die» von Jim Jarmusch hat sich die Erdachse verschoben – wegen Fracking[2]. Nicht nur Tag und Nacht sind dadurch aus dem Gleichgewicht gefallen, auch die klare Grenze zwischen Leben und Tod scheint zu oszillieren. Zombies entsteigen den Gräbern, zerreissen bald die ersten Menschen und die Polizeibeamten (Bill Murray und Adam Driver) fragen sich bei dem Anblick der Opfer: «War das ein wildes Tier, oder mehrere wilde Tiere?»

Was ist in der in der Zeit zwischen diesen beiden Filmen geschehen? Die Zombies diffundierten aus dem Horror- bis in den Autorenfilm und durchlaufen heute sämtliche Genres. Sie haben die Spruchkreise ihrer Master gebrochen und verbreiten sich wie eine Pandemie über die Kontinente[3]. Sie sind von Opfern zu Tätern geworden, fahren Rolltreppe und belagern Shoppingmalls[4], tanzen mit Michael Jackson in dessen Video zu Thriller[5], türmen sich zu einer *humanoiden* Welle auf und überfluten in Rage eine Mauer in Jerusalem[6]. Ihre Hände durchstossen tausendfach die Friedhofserde; als verwahrloste Horden durchwanken sie im Blutrausch leergefegte Strassen – sobald sie einen Menschen zu fassen kriegen, wird gefleddert.

Die seriellen Film-Produktionen erfreuen sich ungebrochener Konjunktur. Sie etablierten mit ihrer Dichte an genre-internen Referenzen nicht nur Sehgewohnheiten und stereotypes Bildwissen – ein Zombiefilm ist auf Anhieb identifizierbar, die Bilder sind uns längst bekannt – die Erzählungen liefern auch Deutungsschemata für verschiedene gesellschaftliche Phänomene, wie etwa jüngst für die Covid-19 Pandemie. So versuchte die Anglistin Elisabeth Bronfen in ihrem kürzlich erschienen Buch «Angesteckt. Zeitgemässes über Pandemie und Kultur»[7] die Krise unter anderem mit Zombie-Metaphern zu fassen. Zombie-Analogien sind längst in den Narrativen der Alltagskultur angekommen und beeinflussen unsere Weltwahrnehmungen[8]. Sie finden sich im Kontext von Wirtschaftsberichterstattungen[9] oder in der politischen Diskussion im Kontext der Migration[10]. Wenn etwa die Centers for Disease Control and Prevention, eine Behörde des US-Gesundheitsministeriums, eine Kampagne unterhält, mit der sie zur Vorbereitung auf eine Zombieapokalypse rät[11], wenn sich die Prepperszene an den fiktiven Figuren der Überlebenden in den Zombiefilmen orientieren und sich mit Waffen eindecken, dazu entsprechend auf Zombie-Puppen schiessen[12] und Polizeibeamte die Exekution eines unbewaffneten, geistig verwirrten Menschen auf offener Strasse damit legitimieren, er hätte sich wie ein Zombie verhalten[13], ist die Kulturwissenschaft in ihrer ganzen disziplinären Breite herausgefordert, sich mit diesen Zombie-Übertragungen eingehender zu beschäftigen. Was steckt hinter den aktuellen medialen Verschränkungen? Wohin führen die Zombie-Spuren?

Als Inbegriff einer popkulturellen Figur, die mit Nachbar und Lause gesprochen, die materialisierten Abbilde unserer Wünsche und Vorlieben verkörpert[14], hält uns der Zombie einen «Fun-House-Spiegel»[15] vor, durch den es hindurch zu blicken gilt. Anders als bei Dracula oder Batman sind es in seinem Falle wohl nicht die geheimen und mitunter erotischen Wünsche, sondern eher ihr Gegenteil, das uns dieser popkulturelle Spiegel zurückwirft: Der landläufige Zombie ist kognitiv auf die Kapazität eines Reptilienhirns reduziert, unfähig zu kommunizieren und sozial zu interagieren, unfähig eine andere, höhere Stufen der Volition zu fassen, als impulshaft und rücksichtslos zu fressen und zu vernichten. In seiner Apathie ist er wohl der langweiligste fiktionale Feind des Menschen. Seine *Anziehung* scheint einzig aus seiner abstossenden Aura und seiner Unkontrollierbarkeit zu bestehen. Verweisen der Ekel und das Schauern, die der Zombie auszulösen vermag, also vielleicht eher auf einen invertierten Wunschkomplex, eben gerade nicht wie ein Zombie sein zu wollen?

Bei den vielen unterschiedlichen Facetten des Zombies ist es schwer, einen wesentlichen Kern auszumachen und hinter den visuellen Grusel-Elementen gar eine Figuren-Geschichte zu erkennen – zudem kann der Zombie sich selbst ja nicht zum Thema machen, dazu fehlt ihm die Sprache, der Zugang in unser symbolisches System. Er ist ein opakes Symbol, das, wie sich zeigen wird, in der Berücksichtigung seiner geschichtlich-politischen Dimensionen etwas transparenter wird und erahnen lässt, dass der Zombie mehr mit uns zu tun hat, als uns lieb ist.

Von der Schattenseite der Moderne

Wie auch die Kulturwissenschaftlerin Gudrun Rath bemerkt, bleibt bei der Vielzahl der medialen Repräsentationen des Zombies der koloniale und neokoloniale Hintergrund der Figur unbeleuchtet[16]. Folgen wir ihr in ihre Geschichte, erhält der Fun-House-Schauer schnell eine Bedeutungsschwere. Der Zombie führt uns in das dunkle Kapitel von Sklavenhandel, Zwangschristianisierung und Ausbeutung, und es wird ersichtlich, dass in ihm die materiellen Deprivations- und Deportationserfahrungen der Kolonialgeschichte Haitis eingelagert[17] und die Ideale der Aufklärung (Freiheit, Brüderlichkeit und Gleichheit) pervertiert sind. Er wird zum ästhetisch negativen Gegenstück des humanistischen Selbstbildes des Menschen. Der Zombie bildet sich so zu einem freudschen Doppelgänger[18] aus, der uns als Wiedergänger mit den verdrängten und doch vertrauten Ängsten konfrontiert – etwa eben kein autonomes, rationales Subjekt zu sein. Als Zwischenwesen, das weder tot noch lebendig ist, erzeugt er jenes intelligible Zweifeln, das uns nach Freud die ästhetisch-kategoriale Tür zum Unheimlichen öffnet.

Der Zombie als Kind der Aufklärung? Über die exakte geografische und kulturelle *Herkunft* des Zombies mögen sich die unterschiedlichen Fachdiskurse nicht einig sein, sein *Erscheinen* in literarischen Werken des 18. Jahrhunderts und in juristischen Texten der haitianischen Verfassung, seine *Entstehung* im historischen und politischen Kontext des europäischen Kolonialismus, der Aufklärung, der Französischen und der Haitianischen Revolution sind aber bereits erhärtete Thesen.[19] Die kursiv gesetzten Begriffe zeigen es bereits an: Das vorliegende Buch ist ein Foucault-inspirierter, genealogischer Versuch[20] zu fragen, was den Zombie mit der Philosophie der Aufklärung verbindet, namentlich mit Hegels Herrschafts-Knechtschaftsdialektik und dem Prinzip der Negativität – und im Anschluss daran, mit psychoanalytischen Theorien. Kann es sein, dass sich durch den Zombie hindurch, wie durch eine ideengeschichtliche Linse, geistes- und sozialwissenschaftliche Theorielinien verfolgen lassen, die von idealistisch-dialektischen über materialistische bis zu poststrukturalistischen Ansätzen reichen? Verweisen dann die eingangs erwähnten Zombies in «White Zombies» als Opfer eines kapitalistischen Zucker-Mühlebesitzers auf die Dilemmata moderner, durch die industrielle Arbeit entfremdeter Subjektivität? Oder verkörpern die Zombies von Jim Jarmusch eine unkontrollierbare pandemische Gewalt, die nicht mehr bloss als Kapitalismuskritik interpretiert, sondern etwa als Begegnung mit dem lacanschen *Realen* gedacht werden kann? Ist der Zombie gar ein Diener des freudschen Thanatos?

An unpaid debt: Was wir Zombies schuldig sind

Es erstaunt nicht, dass sich angesichts der vielen Ambivalenzen, die der Zombie mit sich bringt – etwa durch die nicht restlos geklärte Herkunft aus der Mythologie des haitianischen Voodoos, der sich aus christlichen und animistischen Traditionen nährt, oder durch seine unterschiedlichen medialen und geschichtlichen Funktionen, die er in kolonialen und postkolonialen Auseinandersetzungen erhält – eine eigene Disziplin entstanden ist: Die Zombie Studies, deren Spektrum von Fanexpertise über Survivalguides[21] bis hin zu zahlreichen ernstzunehmenden kulturwissenschaftlichen Untersuchungen reicht (siehe Forschungsstand).

Mit dem titelgebenden Begriff der Transfiguration fokussiert vorliegende Arbeit auf die Übergänge in verschiedene Bedeutungszusammenhänge, die der Zombie bezeichnet, überschreitet und in denen er sich konstituiert: Er emergiert von der haitianischen Folklore und damit von frühen ethnografischen Arbeiten in den cineastischen Mainstream, er wandelt auf der Schwelle zwischen Opfer und Täter und steht sowohl der Trope der Konsumkritik wie argumentativen Denkfiguren des philosophischen Qualia-Diskurses[22] Pate. Die verschiedenen *Gestalten,* die der Zombie vorübergehend annimmt, werden aus kulturwissenschaftlichen Quellen herausgearbeitet und zu schematisieren versucht. Die Untersuchung stösst so gewissermassen in das *dunkle Herz* der Aufklärung vor und zeichnet die Entstehung des Zombies auf deren Kehrseite nach, historisch als Effekt des europäischen Sklavenhandels und theoretisch als dialektische Figur, in der sich das Primat der instrumentellen Vernunft widerspiegelt und mit der heutige Problemlagen neoliberaler Gesellschaften und die Dilemmata ihrer Individuen weiterhin thematisiert werden können.

Mit Slavoj Žižek etwas vorgegriffen, können wir den Zombie als die fundamentale Fantasie der Massenkultur der Gegenwart begreifen und uns fragen, warum diese Wiedergänger aus dem Totenreich kontinuierlich über die Leinwand jagen und dort zur existentiellen Bedrohung der Lebenden werden. Was ist das Motiv hinter der popkulturellen Fantasie der wiederkehrenden Toten? Žižeks psychoanalytische Antwort weist erstaunliche Parallelen zu den Erkenntnissen der ethnologischen Forschungsarbeiten auf, die im Nachfolgenden vorgestellt werden. Die Toten kehren wieder, weil sie keine «richtige Beerdigung» erfahren hätten, weil das Rätsel ihres Lebens und ihres Todes weder dechiffriert noch gesellschaftlich gehört worden sei und somit keine symbolische Bearbeitung gefunden hätte:

> «The return of the dead is a sign of a disturbance in the symbolic rite, in the process of symbolization. The dead return as collectors of some unpaid symbolic debt. [...] The return of the living dead materializes a certain symbolic debt that persists beyond physical expiry.»[23]

Wie etwas gesellschaftlich Verdrängtes tritt der Zombie also wieder und wieder als vieldeutige Parabel ins kulturelle Bewusstsein und fordert geistige Bearbeitung. In diesem Sinne nimmt sich die Arbeit vor, ihm eine weitere Transfiguration zu zugestehen – von der Schreck- zur kulturwissenschaftlichen Erkenntnisfigur.

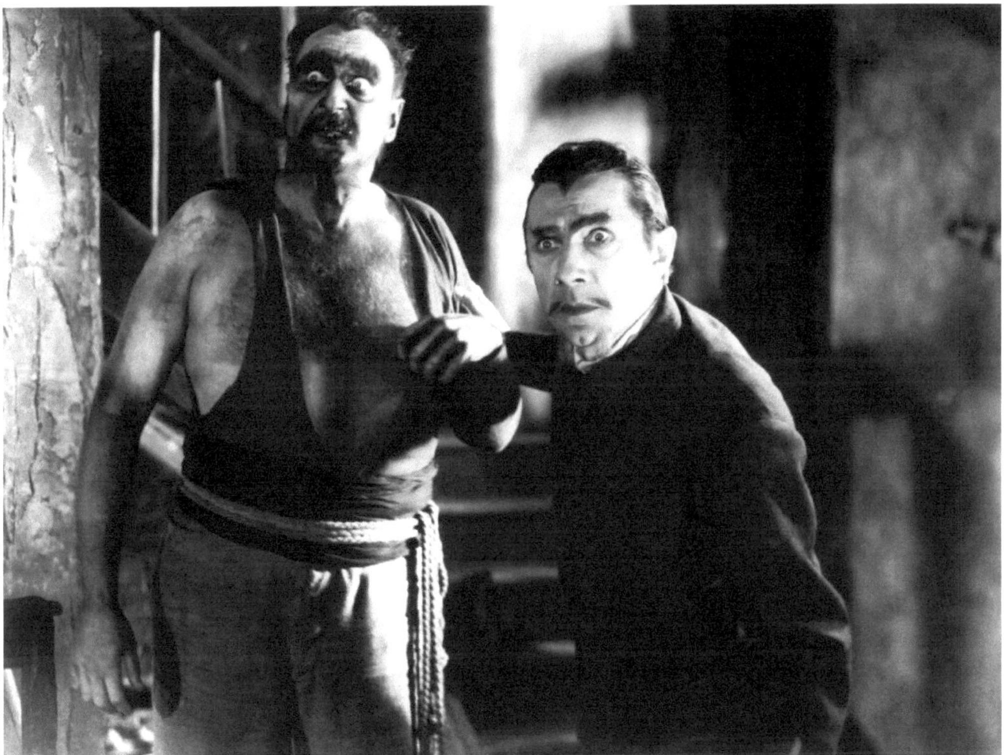

Abb. 1, 2 Zuckermühlenbesitzer Mr. Legendre (Bela Lugosi) im Film «White Zombie» mit seinen «zombiefizierten» Arbeitskräften. Hier war die Zombie-Figur noch deutlich als Opfer charakterisiert (The White Zombie, USA 1932).

Abb. 3–5 Michael Jackson hat den Zombie in das Musikvideo gebracht (Thriller, USA 1982). Seitdem ist die Figur häufig zu Gast. Etwa bei Peaches und Iggy Pop (Kick it, USA 2004) oder jüngst bei Bonez MC (Tilidin weg, D 2020).

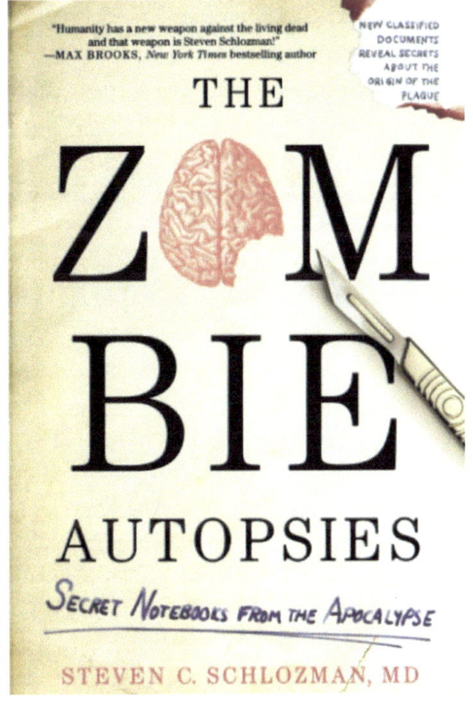

Abb. 6–9 Von philosophischen Essays bis zu Survival Guides: populäre Zombie-Ratgeberliteratur. Buchcovers.

Zu den «Forschungsständen»: Drei Gravitationsfelder für kulturwissenschaftliche Fragen

Beschäftigt sich Kulturwissenschaft mit dem Zombie, wird sie unweigerlich auf die grundlegenden anthropologischen Fragen zurückgeworfen, die sich in der Zeit der Aufklärung konzentrierten (natürlich existierten sie auch schon weit davor) und als scheinbar unauflösbare Aporien festigten. Ist der Mensch frei? Welche Rolle spielen seine Affekte, welches Gewicht wird der Vernunft in dieser Autonomie eingeräumt? Ist er gesellschaftlich determiniert und in Machtverhältnisse eingebunden oder nach (neo-)liberaler Auffassung für sein Glück selbst verantwortlich? Was macht das Primat des Vernunftprinzips mit dem Menschen und seiner Umwelt? Andererseits fordert die Auseinandersetzung mit der Figur nicht nur eine philosophisch-anthropologische Reflexion, sondern eine materielle Aufarbeitung von den geschichtlichen und sozialen Hintergründen des Sklavenhandels.

Die existentiellen Fragen, die sich im Zombie kulminieren, wirken wie ein Gravitationsfeld für kulturwissenschaftliche Arbeiten. Eine Vielzahl von Artikeln und Monografien aus unterschiedlichen kulturwissenschaftlichen Disziplinen widmen sich folglich dem Themenfeld Haiti, Voodoo und Zombie. Entsprechend schwierig dürfte es sein, *einen* Forschungsstand festzuhalten, der über eine Bestandsaufnahme der verschiedenen Theorielagen und kulturwissenschaftlichen Analysen hinausreicht – die Arbeiten widmen sich ja nicht der Entwicklung eines Anti-Gifts und können demnach nicht linear an Erkenntnisse anschliessen. Denn das Objekt Zombie tritt, wie vorangehend beschrieben, je nach Kontext mit anderen Vorzeichen auf – jeder filmische oder literarische Zombie ist trotz seiner Serialität ein eigenes Objekt, das sich je nach den Perspektiven, aus denen es beleuchtet wird, unterschiedliche Interpretationen zulässt. Wenn es *den* Zombie nicht gibt, dann gibt es auch *den* Forschungsstand nicht.

Zur Systematisierung der verschiedenen Forschungsarbeiten lassen sich grob drei Dimensionen voneinander differenzieren – auch wenn sie in enger wechselseitiger und verschränkter Beziehung zu einander stehen:

(1.) Im *klassischen* ethnografischen Feld wird der Zombie in sozialen Praktiken und kollektiven Narrativen des haitianischen Voodoos zu verorten versucht. Seit den 1920er-Jahren untersuchen ethnologische Arbeiten die sozialen Phänomene des Voodoo. Besonders hervorzuheben sind hier etwa Katherine Dunham, Zora Neale Hurston oder Alfred Métraux. Auch vor dieser Zeit gab es schon verschiedene verwandte, (vor) ethnographische Texte, die sich dem Phänomen widmeten: Thomas Madiou situiert 1848 den Zombie in seiner historischen Rekonstruktion der haitianischen Revolution etwa nicht im Voodoo, sondern in der Widerstandsarmee Haitis[24], der Bericht des französischen Arztes und Botanikers Michel-Étienne Descourtilz *(Voyages d'un naturaliste, et ses observations)* aus dem Jahre 1809[25], der den Zombie als Untoten (jedoch nicht als Sklaven) beschreibt oder die Aufzeichnungen des französischen Kolonialbeamten Moreau de Saint-Méry, der ihn im Jahr 1797 als eine Art Geist des haitianischen Aberglaubens verortete[26]. Dass es sich bei letzterem nicht um ein rein haitianisches Glaubenskonstrukt handelt, wird später in dieser Arbeit die Auseinandersetzung der Literaturwissenschaft mit literarischen Quellen aus dem 17. Jahrhundert zeigen.

(2.) Als Figur popkultureller Erzählungen und hegemonialer Funktionalisierungen untersuchen die Literatur-, Film- und Kulturwissenschaften sowie die Postcolonial Studies den Zombie spätestens seit den 1990er-Jahren intensiv. So spüren etwa die Arbeiten von Doris Garraway[27] oder Kieran M. Murphy[28] aus der Französischen Literaturwissenschaft die literaturgeschichtlichen Ursprünge der Figur bereits in der französischen Kolonialliteratur des 17. Jahrhunderts auf und stellen eine rein haitianische Herkunft der literarischen Erscheinung des Zombies in Frage. Zentraler Themenkomplex postkolonialer Ansätze, die sich mit literarischen und filmischen Repräsentationen im 19. resp. im 20. Jahrhundert auseinandersetzen und diese mit konkreten geschichtlichen Bedingungen in Verbindung setzen, sind die Othering-Prozesse, die Haiti durch die Mystifizierung des Voodoo und damit auch durch den Zombie erfährt. Kritisiert wird, wie Mimi Sheller zusammenfasst, dass «[i]n each case Haiti serves as a primeval and deeply exoticized ‚Other' to Western modernity, a place set apart in both space and time.»[29] Die Auseinandersetzungen der Kulturwissenschaft, die sich hauptsächlich auf die literarischen Werke und filmischen Erzeugnisse ab *White Zombie* (1932) und intensiv seit George Romeros *Night of the Living Dead (1968)* konzentrieren, thematisieren die den Erzeugnissen inhärente Kapitalismus- und Konsumkritik, die psychoanalytischen Figurationen des Verdrängten, die Machtverhältnisse und die Ideologiekritik.[30]

(3.) Auf der dritten Ebene wird die Figur in ihrer historisch-politischen Rolle analysiert. Die Amerikanistin Joan Dayan zeichnet den Übergang des Revolutionskämpfers Jean Zombi in das Voodoo-Pantheon nach. Durch diese Verschränkung mit der bereits bestehenden Figur des Zombies im haitianischen Imaginären wird ihm eine geschichtliche Rolle in der haitianischen Revolution zu teil.[31] Dass diese Revolution in engem Zusammenhang mit der Französischen Revolution und somit mit den Idealen der Aufklärung steht, zeigt die Arbeit von Susan Buck-Morss aus dem Bereich der Politischen Philosophie. Sie hat mit «Hegel, Haiti, and Universal History» (2009) eine umfangreiche Studie veröffentlicht, in der sie die Diskrepanz der Aufklärungsideale zur wirtschaftlichen Praxis des Sklavenhandels und der politischen Haltung Frankreichs am Anfang des 19. Jahrhunderts aufzeigt. Eine ihrer Thesen ist, dass Friedrich W. Hegel das für die sozialwissenschaftliche Theoriebildung wichtige Kapitel «Herrschaft und Knechtschaft» in der Phänomenologie des Geistes nur durch die Kenntnis der politischen Geschehnisse in Haiti verfassen konnte.[32] Kieran Murphy folgert daraus, dass Hegels Herr-Knecht-Dialektik und die Figur des Zombies Zwillinge seien, welche die monströse Seite der Moderne bezeichnen würden.[33]

Fragen an die Figur

Von der Folklore in den cineastischen Mainstream

Ausgangspunkt der vorliegenden Arbeit ist die Frage, was die Kulturwissenschaft in der Auseinandersetzung mit dem Zombie lernen, respektive wiederentdecken kann. Dazu ist es in einem ersten Schritt angezeigt, aus den vielen verschiedenen ethnologisch-kulturwissenschaftlichen Ansätzen, die sich dem Zombie seit den 1920er widmen, eine Figuren- und Rezeptionsgeschichte herauszuarbeiten. Es sollen aus der Fachliteratur informierte Mutmassungen über den Ursprung der sozialen und fiktionalen Figur angestellt und ihre Transfiguration aus der haitianischen Folklore in den cineastischen Mainstream und in die Literatur beschrieben und kritisch kommentiert werden, ohne die wechselseitige Verschränkung der beiden Domänen aus dem Blick zu verlieren. Lässt sich aus den angesprochenen medialen Repräsentationen des Zombies (Folklore, Film, Literatur) eine formale Grundstruktur ableiten, die allen inhärent ist? Wie lässt sich die Wesensänderung des Zombies vom Opfer zum Täter erklären?

Herr-Knecht-Dialektik und der Zombie

In einem zweiten Schritt geht die Arbeit von der durch Susan Buck-Morss inspirierten These aus, dass der Zombie historisch und kulturell mit geisteswissenschaftlichen Theorieschulen spätestens seit der Aufklärung parallel läuft – im Speziellen mit der Philosophie Hegels. Inwiefern kann der Zombie in den Koordinaten der hegelschen Herr-Knecht-Dialektik verortet werden? Ein Vorhaben, das bisher im kulturwissenschaftlichen Zombie-Diskurs noch nicht unternommen wurde. Zur Klärung dieser Frage werden Axel Honneths Arbeiten zum hegelschen Kampf um Anerkennung rezipiert und versucht, die formale Struktur des Zombies hierin wiederzufinden. Im Anschluss daran folgt die Frage, inwiefern der Zombie auf eine anthropologische Setzung bei Hegel verweist, der mit den Begriffen Negativität und Begehren in der Phänomenologie des Geistes eine universelle Bestimmung vorgeschlagen hat. Weiter interessiert das emanzipatorische Potential einer Zombie-Pandemie, wenn sie in Bezug zu den von Hegel sogenannten Knechtschaftsideologien gesetzt wird. Mit Alexandre Kojève, der diese Konzepte in Anlehnung an Hegel in den 1950er Jahren für ein illustres Publikum interpretierte (zu seinen Hörer*innen gehörten neben Jacques Lacan, Georges Bataille, Raymond Queneau, Michel Leiris, Henry Corbin, Maurice Merleau-Ponty und Eric Weil)[34], wird gefragt, ob durch die fiktive Bedrohung des Zombies ein vorerst fiktiver Ausgang aus der die menschlichen Handlungen determinierenden kapitalistischen Ideologie zu denken ist.

Doppelgänger mit Todestrieb

Im dritten Teil werden die herausgearbeiteten Erkenntnisse psychoanalytisch weiterentwickelt. Angefangen beim «Doppelgänger», der durch Sigmund Freud zu einem Kriterium der ästhetischen Kategorie des Unheimlichen wurde, bis hin zum Todestrieb – welche Erkenntnisse über die menschliche Psyche werden gewonnen, wenn der Zombie in freudschen Begrifflichkeiten durchdekliniert wird? Die Erhellungen sollen wiederum im Sinne der explorativen Herangehensweise dieser Arbeit auf beide Seiten fallen: Durch den Zombie dürften die teilweise abstrakten Ideen Freuds klarer werden und diese wiederum mit den hegelschen Konzepten in Verbindung gebracht, auch diese weiter erschliessen. Dazu greift die Arbeit auf Slavoj Žižek zurück und versetzt den Zombie in die von Jacques Lacan entwickelte Triade von Realem, Symbolischen und Imaginären. In der Auseinandersetzung mit dem Zombie wird sich die anthropologische Frage aufdrängen: Kann der Mensch je zu seinem *wahren* Selbst kommen? Muss er dazu, wie sein narratives Geschwister, vom Deprivationszombie zum Rachezombie werden? Quasi die ihn umspannende Erzählung in einem *Akt* der Entfesselung durchschreiten? Inwiefern lassen sich die hegelsche Negativität und der freudsche Todestrieb zusammenbringen?

In der philosophischen Diskussion um Qualia (Erfahrungsgehalt geistig-sinnlicher Phänomene) spielt der Zombie als argumentative Figur eine zentrale Rolle. Es geht dabei um nichts weniger, als um die Zurückweisung des reduktiven Materialismus und somit auch indirekt um die anthropologische Frage. In einem Exkurs soll ein Streiflicht auf diese Diskussion geworfen werden, um zur Frage nach dem *wahren* Selbst des Menschen, auf die uns der Zombie zurückwirft, vielleicht die eine oder andere Idee zu importieren und allenfalls methodologische Schlüsse für die empirische Kulturwissenschaft zu ziehen.

Hauptteil

Zur Figurengeschichte

Der Zombie ist seit den Anfängen ethnografischer Forschungen Gegenstand von Untersuchungen. Wird die Geschichte dieser Herangehensweisen nachgezeichnet, werden neben ersten Theorien zu Zombies auch fachgeschichtliche Einblicke gewonnen, wie die nachfolgenden Darstellungen zeigen. Diese ersten Arbeiten mussten sich bald einer kritischen Auseinandersetzung postkolonialistischer Ansätze stellen, die sich wiederum dem Phänomen des Zombies, jedoch aus einer anderen Perspektive, annahmen. Geschichtswissenschaftliche Studien fragen dann nach der materiellen Rolle des Zombies in der haitianischen Revolution. Dabei wird auch nach dem Einfluss der damaligen Ereignisse auf die sich im Entstehen begreifende Philosophie Hegels gefragt.

Der «wirkliche» Zombie: Die Figur im ethnologischen Feld

In den bereits oben erwähnten «proto-ethnologischen» Beschreibungen des Zombies aus dem späten 18. respektive dem frühen 19. Jahrhundert wird der Zombie, wie Raphael Hoermann zusammengetragen hat[35], noch nicht als Analogie zu einem versklavten Menschen thematisiert, sondern taucht in den Texten als Figur des Aberglaubens, als Figur okkulter und subversiver Riten und im Kontext der haitianischen Revolution als geschichtlich aktuale Person auf: Der haitianische Historiker Thomas Madiou erwähnt 1848 in seiner «Histoire d' Haiti» einen haitianischen Soldaten namens Jean Zombi, der sich im Auftrag des haitianischen General Jean-Jacques Dessalines mit besonderer Brutalität an den Massakern gegen die französischen Streitkräften beteiligte. Madiou kommentierte dessen Taten als widernatürlich und unmenschlich, jedoch nicht als das Werk eines Untoten.[36] Inwiefern sich diese Taten des Jean Zombi in den Volksmythos und darüber hinaus in die populären Produktionen eingeschrieben haben, ist Gegenstand der Untersuchungen der Amerikanistin Joan Dayan und wird auf Seite 31 ausführlicher besprochen. Nachfolgend werden die frühen ethnografischen Arbeiten des 20. Jahrhunderts in chronologischer Folge etwas eingehender betrachtet, um die damalige «westliche» Sicht auf die Figur herauszuarbeiten.

Seabrooks abenteuerlicher Reisebericht

Einer der wohl ersten englischsprachigen Autoren, der den Zombie in Verbindung mit moderner Sklaverei und im Industriezeitalter situierte (wenn wohl auch unwillkürlich), war William Seabrook.[37] Sein ethnografischer Reisebericht «The Magic Island» (1929) über Haitis Voodoo-Riten beinhaltet ein Kapitel zu «Black Sorcery». Darin lässt er Constant Polynice, einen seiner Informanten für haitianische Folklore, zu Wort kommen. Dieser versicherte Seabrook, dass es Zombies wirklich gäbe und er schon unzählige gesehen hätte. Seabrook *charakterisiert* Zombies und den Zombifizierungsprozess in Anlehnung an die Geschichten, die ihm zugetragen werden, wie folgt:

> «The zombie, they say, is a soulless human corpse, still dead, but taken from the grave and endowed by sorcery with a mechanical semblance of life—it is a dead body which is made to walk and act and move as if it were alive. People who have the power to do this go to a fresh grave, dig up the body before it has had time to rot, galvanize it into movement, and then make of it a servant or slave, occasionally for the commission of some crime, more often simply as a drudge around the habitation or the farm, setting it dull heavy tasks, and beating it like a dumb beast if it slackens.»[38]

Die Episode, auf die Seabrooks Bericht baut und die später die Vorlage für den Film «White Zombie» liefern wird, kann an dieser Stelle nur stark vereinfacht und in ihren Grundzügen wiedergegeben werden. Constant Polynice erzählt Seabrook zu dessen Erstaunen, dass Zombies im Zusammenhang der Haitian-Amercian Sugar Company (HASCO)[39] gesehen worden wären. Nach Polynice Anekdote hätte HASCO im Jahre 1918 auf Grund der weltweit hohen Nachfrage an Zucker in der breiten Bevölkerung Arbeitskräfte für die Zuckerrohrfelder und die Verarbeitungsbetriebe rekrutiert. Dabei sei ein Ehepaar Namens Joseph und Croyance in Erscheinung getreten, die sprachlose und paralysierte Bauern an die Firma vermittelten, sie auf weitentlegenen Feldern Zuckerrohr schlagen liessen und deren Lohn sie für sich beanspruchten. Die Arbeiter waren durch die beiden Eheleute zombifiziert worden. Diese hielten die Zombies von aller Öffentlichkeit versteckt, da sie befürchteten, dass jemand die Verstorbenen wiedererkennen würde und fütterten sie mit «unsalted plantains boiled in water»[40] . Es war Croyance, die mit einem Missgeschick den Bann der Zombies brach, als sie ihnen aus Erbarmen anlässlich der religiösen Feier *Fête Dieu* ein Zuckergebäck kaufte, das im Kern eine gesalzene Pistazie enthielt. Salz jedoch lässt Zombies über ihren Zustand gewahr werden. So seien die Opfer erwacht und zurück in ihre entfernten Gräber geflohen.

Diese Erzählung motiviert Seabrook, wie viele andere ethnografische Autor*innen nach ihm, einen echten Zombie zu suchen. Er schildert eine Begegnung mit verwahrlosten Arbeiter*innen auf einem Feld, die seine Skepsis erschütterte:

> «My first impression of the three supposed zombies, who continued dumbly at work, was that there was something about them unnatural and strange. They were plodding like brutes, like automatons. [...] The eyes were the worst. It was not my imagination. They were in truth like the eyes of a dead man, not blind, but staring, unfocused, unseeing. The whole face [...] was vacant, as if there was nothing behind it.»[41]

Der Ausdruck der Gestalten erinnerte Seabrook an einen Hund, den er in einem Labor an der Columbia Universität gesehen hatte, dem das Vorderhirn amputiert worden war. Seabrook, um sich seines Eindrucks zu vergewissern, griff nach der Hand einer Arbeiterin, die sich zu seiner Beruhigung, schwielig, fest und menschlich anfühlte.[42] Die Arbeiterin protestierte und rief nach dem Aufseher, der Seabrook anfauchte, er solle sich nicht in fremde Angelegenheiten mischen. Seabrook folgerte: «[...] the zombies were nothing but poor, ordinary demented human beings, idiots, forced to toil in the fields.»[43] Wobei er seinen rationalen Schluss durch das Zitieren seines Begleiters Constant Polynice relativiert, wenn er diesen sagen lässt: «Well [...] if you spent many years in Haiti, you would have a very hard time to fit this American reasoning into some of the things you encountered here.»[44]

«Tell my Horse» oder Hustons «Begegnung»

Die amerikanische Anthropologin Zora Neale Hurston, Schülerin und Mitarbeiterin von Franz Boas, besuchte im Jahre 1937 Haiti und machte sich, wie in ihrer Monografie «Tell my Horse» (1938) beschrieben, ebenfalls auf die Suche nach *wirklichen* Zombies («What is the whole truth and noting else but the truth about Zombies?»[45]). Hurston trug verschiedene Erzählungen zusammen und arbeitete die Opposition heraus, in der die Figur des Zombies zum menschlichen Wesen steht: «[...] working like a beast, unclothed like a beast and like a brute crouching in some foul den in the few hours allowed for rest and food. From an educated, intelligent being to an unthinking, unknowing beast.»[46] Ursache der von Hurston zitierten Zombifikationen ist jeweils die Einwirkung eines Magiers, der die Toten mit mysteriösen pharmazeutischen Mitteln wiedererweckt.

Hurston liess sich von der Wirklichkeit der Zombies überzeugen, wie sie erzählt, durch den Fall von Felicia Felix-Mentor, einer Frau, die geistig verwirrt, nicht ansprechbar und mit Anzeichen von Misshandlung in Gonaïves hospitalisiert war:

> «I had the rare opportunity to see and touch an authentic case. I listened to the broken noises in its throat, and then, I did what no one else had ever done, I photographed it. [...] I saw this case of Felicia Felix-Mentor which was vouched for by the highest authority [durch Behörden und Ärzte | mh]. So I know there are Zombies in Haiti. People have been called back from the dead.»[47]

Die sensationalistischen Berichte aus zweiter Hand und ihre eigene Begegnung mit einem Zombie, die Hurston unkritisch wiedergibt und nicht kommentiert, gewähren dennoch Einblicke in die kulturelle Konzeption des Zombies, lassen aber auf der Frage insistieren, um wessen Konzeption es sich hierbei handelt.

Dunhams «authentisches» Zombieballett

Beinahe gleichzeitig wie Hurston untersuchte die amerikanische Anthropologin Katherine Dunham im Jahre 1936, alimentiert mit Forschungsstipendien der Guggenheim- und der Rosenbergstiftung, die Tanzrituale des Voodoo in Haiti. Ihre 1950 erschienene Studie «Dances of Haiti» erhielt breite akademische Resonanz: Claude Lévi-Strauss schrieb ein Vorwort für das Buch, in dem Dunham inhaltlich die Ambivalenz zwischen romantisierendem Zugang zu einer verzauberten Welt und rationalem wissenschaftlichen Gestus zwar zum Thema machte, diese jedoch nicht aufzulösen vermochte.[48] In ihrer zur akademischen Arbeit zeitweise parallelverlaufenden Karriere als Choreografin verarbeitete Dunham ihre ethnografischen Feldforschungen zu Ballettaufführungen, die zwischen 1943 und 1962 sogar am Broadway in New York gezeigt wurden. Einerseits hatte Dunham den Anspruch, in diesen Aufführungen afrikanische und karibische Themen einem, wie es die Amerikanistin VéVé Clark formulierte, «authentischen Umfeld» aufzuführen, was damals soviel bedeutete, wie die Tänze in einen narrativen Kontext zu setzen und vor einem «authentischen» Bühnenbild und in entsprechenden Kostümen zu inszenieren. Was aus heutiger Sicht zumindest paradox, wenn nicht formal unmöglich erscheint, wurde, und dies hier nur als Nebenbemerkung, damals aus anderen Gründen kritisiert: Eine junge afroamerikanische Frau mit höherem Bildungsabschluss, wie Dunham war, sollte nicht auf dem Broadway tanzen und nicht Ballett und folkloristische Tänze mischen.[49]

In «L'Ag'Ya», einem Stück aus dem Jahre (1938), lässt Dunham einen jungen Mann in die *Zombiewälder* aufbrechen und nach einem Liebeszauber Ausschau halten, um seine Angebetete anzulocken.[50] Der Zombie ist in dieser Repräsentationsform als klare Fiktion abstrahiert. In ihrer ethnologischen Arbeit «Island Possessed» (1969) taucht er aber als sensationalistische Episode wieder auf, wie Ken Gelder kommentiert[51] und zieht sie aus ihrer professionellen Distanz: Dunham berichtet von einem Interview mit einem Voodoo-Priester, der in den Zombiekultus involviert gewesen sei, und davon, dass er ihr, konfrontiert mit der Frage nach Kindesopfern, diese nicht verneinte, sondern versprach, sie in weitere Geheimnisse der Voodoo-Gemeinschaft einzuführen, wenn sie in seinen Orden übertrete.

Métraux' strukturalistische Entzauberungen

Ein etwas abgeklärterer Zugang zu Voodoo als die vorhergehenden Arbeiten und eine nüchterne Untersuchung zu Zombies lieferte der Ethnologe Alfred Métraux in seinem vielfach zitierten Werk «Voodoo in Haiti» (1959). Métraux fokussierte in seiner deskriptiven Studie auf die sozialen Struktur- und Interaktionsmerkmale des Voodoos und geht an verschiedenen Stellen auf die Figur des Zombies ein. Mit seiner Herangehensweise entzaubert er einen, wie Gelder kommentiert, «sensationalism that seems to be internally generated by the Haitians themselves»[52]. Seine rationalen Beobachtungen lassen die vordergründig extraordinären Riten zu ordinären religiösen Praxen werden. Bereits in seinem im Vorwort wird seine strukturfunktionalistische Perspektive deutlich:

> «In fact – what is Voodoo? Nothing more than a conglomeration of beliefs and rites of African origin, which, having been closely mixed with Catholic practice, has come to be the religion of the greater part of the peasants and the urban proletariat of the black republic of Haiti.»[53]

Die sensationellen, aus der Perspektive der westlichen Welt geschriebenen Berichte über Voodoo als morbide und halluzinatorische Religion, wie sie etwa Seabrook und Hurston lieferten, entsprächen einer kolonialen Sichtweise, die nicht nur nichts mit der gesellschaftlichen Wirklichkeit Haitis zu tun hätten, sondern auf Angst und Hass der damaligen (westlichen) Angehörigen der Besatzungsmächte zurückzuführen und auf die Formel zu reduzieren seien: «the master maltreated his slave, but feared his hatred.»[54]

Nach Métraux hätte sich der «rural paganism»[55], wie er den Voodoo aus heutiger Sicht nicht ganz unproblematisch bezeichnet, aus den Überresten der durch die Sklaverei pulverisierten politischen und familiären Strukturen und Traditionen der Haitianer*innen entwickelt. Deren Erfahrung der (kolonialen) Sklaverei sieht er besonders deutlich im Zombie-Kult wiederaufleben, wenn er folgert: «A zombi's life is seen in terms which echo the harsh existence of a slave in the old colony of Santo Domingo [heute: Haiti | mh].»[56] Aus verschiedenen mündlichen Erzählungen und Anekdoten leitet Métraux eine Charakterisierung des Zombies ab, die eben diese Analogie zur Sklaverei deutlich zum Ausdruck bringt.

> «Zombi are people whose decease has been duly recorded, and whose burial has been witnessed, but who are found a few years later living with a *boko* [Zauberer | mh] in a state verging on idiocy. [...] The spark of life which sorcerers wake in a corpse does not wholly give the dead man back his place in the society of men. A zombi remains in that misty zone which divides life from death. He moves, eats, hears what is said to him, even speaks, but has no memory and no knowledge of his condition. The zombi is a beast of burden which his master exploits without mercy, making him work in the fields, weighing him down with labour, whipping him freely an feeding him on meagre, tasteless food.»[57]

Ein ausserhalb der sozialen Ordnung stehendes Wesen also, ohne Selbstbewusstsein, fremdbestimmt durch einen Meister, ausgestattet mit primären sinnlichen Kapazitäten, das wie ein Arbeitstier gehalten wird. Es wird interessant sein, diese Charakterisierung später in dieser Arbeit im philosophischen Diskurs nochmals zu reflektieren. Vorerst bleibt an dieser Stelle noch zu hinzuzufügen, dass Métraux die Ursachen dieses mentalen Zombie-Status entweder in einem angeborenen kognitiven Defizit verortet – er berichtet von Begegnungen mit verwirrten und wahnsinnigen Menschen, die ihm als Zombies vorgestellt wurden – oder durch Konsum von Drogen mit lethargischer Wirkung hervorgerufen sieht. Um eine solche Verzauberung eines Toten zu verhindern, gibt es, wie Métraux zusammentrug, verschiedene Rituale: So werden, um nur ein paar Beispiele zu nennen, die Lippen der Leichen zusammengenäht, damit sie kein Gift verabreicht bekommen; die Toten mit einem Messer in der Hand begraben, mit dem sie einen allfälligen Zauberer erstechen könnten, Sesamkörner über die Verstorbenen gestreut, die sie nach dem *Wiedererwachen* sofort zu zählen begännen, und somit zu beschäftigt seien, um den Aufforderungen des Meisters Folge zu leisten. Dazu kann auch eine Stecknadel im Grab versteckt werden, die beim *Auferstehen* zuerst gesucht werden müsse. Auch das *Töten* eines bereits Verstorbenen, etwa durch Strangulation, stellt sicher, dass dieser nicht mehr als Untoter seinem Grab entsteigen kann.

Wie Seabrook beschreibt auch Métraux die Möglichkeit einer Entzauberung durch Salz (ein Gut, das innerhalb der Kolonialgeschichte eine bedeutende Rolle einnimmt). Métraux' Dokumentation unterscheidet sich jedoch in einem wichtigen Aspekt von der Seabrooks. Durch das Einnehmen von Salz würden die Zombies gemäss den Volkserzählungen sich selbst gewahr werden und «a vast rage and an ungovernable desire for vengeance»[58] würde in ihnen aufkommen. Worauf sie ihren Meister töten, sein Eigentum zerstören und sich auf die Suche nach ihren Gräbern begeben würden.

Wie tief der Zombie-Kult in der haitianischen Gesellschaft verankert ist, macht Métraux (wie Seabrook vor ihm) mit einem Verweis auf das nach der haitianischen Revolution und der folgenden Unabhängigkeit der Republik verabschiedete Strafgesetzbuch von 1883 (Artikel 246), deutlich, in welchem explizit Fälle der versuchten Vergiftung und das damit in Verbindung stehende Begraben von Scheintoten geregelt sind – solche Taten wurden, wenig überraschend, als Mord geahndet.

Von der ethnographischen Studie zur Filmvorlage: Wade Davis

Beim Thema Intoxikation setzen die Untersuchungen des Ethnobotanikers Wade Davis an.

Ähnlich wie schon Zora Neale Hurston will er Beweise zur realen Existenz von Zombies zusammentragen. In seinen breit und kontrovers diskutierten Monografien[59] «The Serpent and the Rainbow» (1985) und «Passage of Darkness. The Ethnobiology of the Haitian Zombie» (1988) suchte er nach toxisch pharmazeutischen Zaubermitteln («zombie poison»[60]), die nach Davis' ethnografischen Quellen der Zombifizierung zugrunde liegen. Nach seinem Ermessen verliefen die Studien erfolgreich, wie er in «Passage of Darkness» schreibt:

> «In the end, the identity of the folk toxin was established, but perhaps more significantly, the interdisciplinary approach that led to its discovery and a glimpse at the process of zombification also suggested cultural aspects of great importance.»[61]

Die verschiedenen untersuchten Mixturen, die in Voodooritualen eingesetzt wurden, enthielten alle einen gemeinsamen Wirkstoff: Das aus dem Kugelfisch gewonnene Tetrodoxin, dessen paralysierende Wirkung in Studien mit Ratten nachgewiesen wurde und das nach Davis auch beim Menschen angewandt, zu Scheintod führen kann.[62] Darüber hinaus arbeitete Davis in einer emischen Perspektive ein dualistisches Seelenkonzept des Voodoo *(ti bon age / Gros bon age)* heraus, verschaffte sich erfolgreich Zugang zu *geheimen* Priester-Gesellschaften und untersuchte die sozialen Prozesse hinter den Zombifikationen:

> «[...] zombification is a social sanction administered by the bokor in complicity with, and in the services of, the members of his community. In fact the authority to create a zombie may rest not solely with an individual bokor but with the secret society of which he is a member.»[63]

Davis zeigt auf, dass die Zombiefizierung als Teil eines gesellschaftlichen Sanktionssystems zu verstehen ist, in dem die Opfer – stets Angehörige der untersten Gesellschaftsschicht – ihrer individuellen Freiheit, ihres Willens und ihrer Identität beraubt werden. Dadurch erklärt sich Davis auch, dass die Menschen sich hauptsächlich nicht vor Zombies fürchten, sondern davor, zu einem zu werden.

Davis Berichte, die in ihrer Herangehensweise und in der formalen Umsetzung an den investigativen Impetus und den Jargon des Reiseberichts erinnern, lassen seine bisweilen sicher valablen Erkenntnisse in einem etwas halbseidenen Licht erscheinen. Seine Studie «The Serpant and the Rainbow» liefere denn auch die Vorlage für den gleichnamigen Genre-Film (1988), der stereotype Voodoo-Klischees inszenierte.[64]

Etymologische Schematisierungen: Ackermann und Gauthier

Hans W. Ackermann und Jeanine Gauthier (1991) versuchen die ethnobiologische Zombie-Pulver-These von Wade Davis zu widerlegen. In ihrer Studie «The Ways and Nature of the Zombi» konzeptualisieren sie den Zombie in einer ausführlichen Literaturstudie. Ausgehend von einer linguistisch-etymologischen Analyse des Begriffs und in einem Exkurs in den Seelen-Glauben verschiedener afrikanischer Regionen legen die Autor*innen nahe, das haitianische Zombie-Konzept in Verwandtschaft zu afrikanischen Glaubenssystemen zu verstehen. Sie relativieren somit die ausschliessliche Konnotation mit kolonialer Sklaverei. Die phonetische Nähe von Begriffen wie *fúmbi* (Geist, Yoruba/Kuba), *mvumbi* (unsichtbarer Teil des Menschen, Kongo), *ndzumbi* (Körper, Mitsogho/Gabon), *zumbi* (Wiedergänger, Angola) oder *zan bibi* (nächtliches Schreckgespenst, Ghana) zum haitianischen Zombie sind offensichtlich und werden von den Autor*innen als Beweis angeführt, dass bereits vor dem Sklavenhandel ein Konzept des Zombies bestand.[65] Weiter zeigen sie auf, dass sowohl im Voodoo als auch in afrikanischen Glaubenssystemen verschiedene Seelen- und Körperdualismen bestehen. Nach ihrer Interpretation besteht der von Wade Davis und anderen vorgelegte Voodoo-Seelen-Dualismus von *Gros Bon Ange* und *Ti Bon Ange* darin, dass der erste «Engel» in etwa der christlichen Seele und der zweite einem Schutzgeist entspräche. Bei der funktionalen und ontologischen Zuteilung – welcher Seelenteil mit welchen Eigenschaften wofür zuständig ist – widersprechen sich die verschiedenen Kommentare jedoch im Detail. Uneinigkeit besteht etwa darin, ob es nun im Falle einer Zombifikation der *Gros Bon Ange* ist, der als Ziel des Zaubers eingefangen wird oder ob der *Ti Bon Ange* als Sitz des objektiven Bewusstseins immun gegenüber solchen Angriffen ist.[66] Was Ackermann und Gauthiers Gegenüberstellung der verschiedenen Konzeptionen jedoch impliziert: Es *gibt* mindestens zwei Arten von Zombies: jene, die aus seelenlosen Körpern und solche, die aus körperlosen Seelen bestehen. Es waren auch die Letzteren, die in den Interviews, die sie während ihrer Feldstudie in Haiti mit verschiedenen Informant*innen geführt hatten, wiederholt erwähnt wurden. Aus ihrer Studie ziehen sie zwei Schlüsse:

> «First, the zombi concept is very old and possibly predates the historical Bantu migration. Second, [...] it makes the poison hypothesis of zombification unlikely, unless one supposes the existence of numerous agents able to induce a lethargic sleep or even a lively trade in puffer fishes.»[67]

Ackermann und Gauthier stützen die These von Métraux, dass Menschen mit geistigen Beeinträchtigungen und einhergehender sozialer Verwahrlosung als Zombies gesellschaftlich stigmatisiert werden. Die Personen sind also nicht Opfer eines pharmazeutischen Zauberkults, sondern durch Krankheit und soziale Prozesse *zombifiziert* worden. Die Autor*innen vergleichen die von ihnen aus der Fachliteratur herausgearbeiteten Attributionen des Zombie-Konzepts[68] mit den Beschreibungen von obdachlosen US-Bürger*innen mit Schizophrenie-Diagnose[69] und stellen dabei eine grosse Übereinstimmung fest.

Der Zombie als Figur des kollektiven Gedächtnisses: Franck Degoul

Der Kulturanthropologe Franck Degoul untersuchte in einer seiner jüngsten Arbeiten mittels qualitativer Interviews, welche Rolle die Figur des Zombies im *haitianischen Imaginären* einnimmt. Unter Letzterem versteht Degoul eine Art kollektives Gedächtnis, dem im gesellschaftlich geschichtlichen Erinnern eine wichtige Funktion zukommt. In seiner Untersuchung zeigt er, dass die etwa bei Métraux konstatierte Verbindung des imaginären Zombies zur erfahrenen Sklaverei über das bloss Anekdotische hinausreicht. Im Zombie des haitianischen Imaginären sei «ein verkörpertes, einverleibtes kollektives Gedächtnis»[70] eingeprägt, das «eine bemerkenswerte Wiederkehr gewisser historischer Merkmale, die im Zusammenhang mit den objektiven Lebensbedingungen der Sklav*innen stehen»[71], zu Tage fördere. Degoul zeigt dies eindrücklich anhand verschiedener Aspekte, die er aus dem damaligen, von Ludwig XIV erlassenen Code Noire entnimmt, der den Umgang der Kolonialist*innen mit Sklav*innen regelte, und mit aktuellen Zombie-Erzählungen aus dem haitianischen Imaginären vergleicht. So erweist sich, dass die in den Erzählungen beschriebenen Hütten, in denen die Zombies untergebracht seien, jenen der kolonialen Sklav*innen gleichen. Die zur rituellen Anrufung der Zombies verwendeten Utensilien, wie die Peitsche, «Instrument wie auch Symbol der [...] körperlichen Nötigung»[72] und Trillerpfeife, als «Instrument des Befehlens»[73] bildeten das «konzentrierte Dispositiv der Versklavung»[74]. Weiter verweise das verwahrloste Erscheinungsbild der Zombies – in den Erzählungen aus den qualitativen Interviews sind sie barfuss und bloss mit Lumpen bekleidet – auf das damalige Ordnungsprinzip. Den Sklaven standen gemäss Code Noir jährlich zwei Leinengewänder zu. Der Code Noir sah vor, die Sklav*innen, sobald sie in Haiti angekommen waren, christlich zu taufen. Diese verordnete, neue Identitätszuweisung – die Christianisierung als Rechtfertigungsgrund der Sklavenpraxis – kommentiert Degoul wie folgt:

> «Die Taufe war obligatorisch. Den undisziplinierten und entlaufenen Sklav*innen hätten unvermeidlich Hölle und Verdammnis geblüht, eine Behauptung, die die grosse Masse zu unterwürfiger Frömmigkeit, Geduld, Respekt, Resignation und Hinnahme der Entsetzlichkeiten bewegen sollte. Sich in die Hölle im Diesseits fügen, aus Angst, später die biblische zu erleiden: das war es, was man von den unterwiesenen Sklav*innen erwartet; das

war die durch und durch instrumentelle Absicht, die dieser auf der religiös-katholischen Ideologie aufbauenden Subjektivierungsweise zugeschrieben wird oder sie sichtbar macht.»[75]

Diese Taufe markiert einerseits den Eintritt in das Sklavendasein und andererseits den Tod des früheren Lebens. Diese Umbenennung wird auch in Zombieerzählungen verarbeitet, wenn die Zauberer ihren Zombies andere Namen als im vorherigen Leben geben, damit sie niemand rufen kann – eine deutliche Aufhebung der Identitätsbeziehung und Ausdruck der totalen Entfremdung. Neigt sich dieses «Lebenssimulakrum»[76] des Zombies zu Ende und verstirbt dieser seinen zweiten, diesmal natürlichen Tod – der erste war ein durch die Deportation kulturell zugefügter Tod – dann wird er, gemäss den Erzählungen, vergraben wie ein Tier und bleibt auch in seinem Tod entmenschlicht, wie Degoul beschreibt. Wiederum eine Analogie auf den Code Noir, der zwar vorsieht, die getauften Sklaven in geweihter Erde zu beerdigen, jedoch nicht auf den Friedhöfen der Plantagenbesitzer.

Deprivation, Voodoo und Mesmerismus: Ein Zwischenfazit

Ob die vorangehend vorgestellten Studien nun nach *echten* Zombies gesucht hatten oder ob sie die Figur als Teil einer kulturellen Erzählung thematisierten, ist für eine vorläufige Schematisierung des Zombies unwichtig– es geht im Folgenden nicht um eine ontologische Fixierung der Figur, sondern um ihre formal-strukturellen und semantischen Eigenschaften als Signifikant.

Dem Zombie geht eine Deprivationsgeschichte voraus: Er wird mittels Zauber und/oder Drogen sowie durch soziale Prozesse seiner Seele, seines Willens, kurz seiner Identität beraubt und in den *kognitiven Status* eines Untoten versetzt, was ihn zu einem unbewussten, animalischen Wesen macht, das kaum phänomenales Bewusstsein besitzt. Der Zombie ist gänzlich fremdbestimmt,

Abb. 10 Lieferte die Vorlage für den Film «White Zombie»: William Seabrooks ethnografischer Reisebericht «The Magic Island», 1929. Buchcover.

Abb. 11 Machte sich auf die Suche nach «echten» Zombies: Nora Zeal Hurston in «Tell my Horse», 1938. Buchcover

Abb. 12 Forschte zu den Tänzen von Haiti und berichtete von Zombies: Katherine Dunham in «Dances of Haiti», 1938 hier die Ausgabe von 1983. Buchcover.

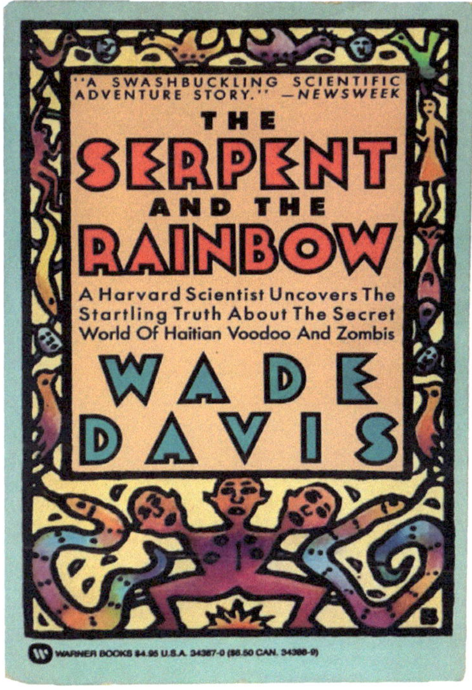

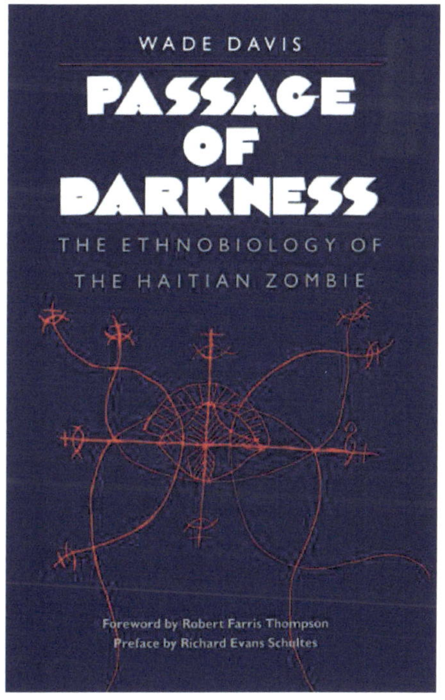

Abb. 13, 14 Wade Davis Publikationen wurden im Rahmen der Postcolonial Studies als Ethno-Senationalismus kritisiert. Sie lieferten die Vorlage für den Hollywoodfilm «The Serpant and the Rainbow». Buchcover.

Abb. 15 Gilt auch heute noch als ethnografisches Standard-Werk: Alfred Métraux' strukturanalytische Studie zum Voodoo in Haiti. Buchcover.

wird zu harter Arbeit ausgebeutet und ist Misshandlungen ausgesetzt. Er ist die Verkörperung einer Funktion: Wie ein Automat setzt er Befehle um. Die Zombifizierung setzt oft kurz nach dem Tod an, kann aber auch während des Lebens eintreten. Durch das Einnehmen von Salz kann er vorübergehend wieder Bewusstsein erlangen.

Die Figur ist kultureller Träger von Erfahrungen sowohl kolonialer als auch moderner industrieller Sklaverei. Ihre Herkunft wird primär im Voodoo verortet und dieser als synkretistisches Amalgam zwischen den Religionen Westafrikas und des Christentums charakterisiert. Entsprechend führen die vorgestellten ethnologischen Arbeiten die dualistischen Seelenkonzeptionen des Voodoos etwas essentialistisch ebenfalls auf afrikanische Hintergründe zurück. Es erstaunt, dass diese Seelendualismen nicht in Verbindung mit der antiken Philosophie und deren Rezeptionsgeschichte in der arabischen Welt (und deren Rolle im westafrikanischen Sklavenhandel) gebracht werden, etwa in Zusammenhang mit dem aristotelischen Seelenvermögen, das durchaus Parallelen zu den bei Ackermann und Gauthier zusammengetragenen Seelenkonzeptionen aufweist. Es liesse sich an dieser Stelle die These aufwerfen, wie sie ähnlich auch von Alfred Métraux und Susann Buck-Morss verfolgt wird[77], dass Voodoo keine eigentümliche Religion und das Zombie-Konzept demnach kein idiosynkratisches Element davon ist. Denn neben den oben beschriebenen Verwandtschaften weist Voodoo auch Ähnlichkeiten zum zur Zeit der Aufklärung in Europa als Religionsersatz gepflegten Mesmerismus auf, bei dem Geisterbeschwörung eine genuine Praxis war. Das sind nicht unerhebliche Lücken in diesen ethnologischen Arbeiten, die die Vertreter*innen postkolonialer Studien beschäftigen, wenn sie wie nachfolgend beschrieben, darzulegen versuchen, wie sich im vermeintlichen Anderen das Eigene verbirgt.

Emanzipation oder Othering: Der Zombie in Literatur und Film

Verschiedene Arbeiten innerhalb der Postcolonial Studies setzen sich kritisch mit dem Zombie als fiktionale Figur auseinander. Sie zeigen, wie die teilweise starken Mystifizierungen der frühen ethnologischen Arbeiten als Vorlage zu filmischen und literarischen Adaptionen dienten.[78] Mimi Sheller kommentiert das ethnografische Erbe entsprechend:

> «By the twentieth century ethnographers were combing Haiti in search of real ‚evidence' of zombies and cannibalistic practices. Their accounts often blend genres of ethnography, autobiography, and fiction.»[79]

Die im vorherigen Kapitel besprochenen Werke von Seabrook, Dunham, Hurston und Davis gelten nach Sheller als «Ethnological Sensationalism»[80], der zur Stigmatisierung Haitis und seiner Bevölkerung, als mystisch, gefährlich und irrational beigetragen hätte.

Mystifikationen mit epistemologischem Einfluss

An diese Kritik schliesst sich auch Michael Dash in seinem Standartwerk «Haiti and the United States. National Stereotypes and the Literary Imagination» (1997) an. Der mit seiner an Michel Foucault orientierten Studie von literarischen Fiktionen und Reiseberichten auf das politische Dispositiv Nordamerikas der jeweiligen Zeit schliesst:

> «The simplistic paternalism of a marine's memoirs, the supercilious chauvinism of a nineteenth century Haitian visitor to the United States, the taste for the outlandish among negrophile Americans reveal an unofficial truth about Haitian-American relations and go a far way towards creating stereotypes that have an influence on national policy and official reactions.»[81]

Dash macht Momente des Otherings etwa bei Graham Greenes «The Comedians» oder Francis Huxleys «The Invisibles»[82] und in besonders kritischer Weise bei Wade Davis[83] aus. Dash problematisiert, dass solche textuell erzeugten dämonisierenden Stereotypien gar epistemologischen Einfluss haben:

> «Genuine attempts to know objectively or to see clearly become increasingly difficult as textually produced 'Otherness' attains an authority and a credibility that permanently obscures the truth.»[84]

Diese kritisierten Texte würden nicht einfach Elemente *der* Geschichte repräsentieren, sondern seien selbst ein dynamischer, deterministischer Teil von ihr.

Kerstin Oloff etwa sieht gerade zur Zeit der Besetzung von Haiti zwischen 1915 und 1934 durch US-amerikanische Streitkräfte ein vermehrtes Aufkommen von fiktionalen Zombie-Produktionen und die nicht aufgrund der ästhetischen Nachfrage, sondern aus politischem Kalkül heraus entstanden seien:

> «The zombie›s integration into US popular film culture stems from the US occupation of Haiti between 1915 and 1934, which produced some of the most influential zombie novels and films of the twentieth century [...]. Within the imperialist imaginary, the zombie came to express imperialist

> fears of racial and class ‹others› and the ‹threat› of mass rebellion, while simultaneously functioning as ‹an ideologically motivated rhetorical device deployed to demonstrate and establish moral superiority of civilized colonial authority over the barbarous slave›.»[85]

Die Afrikanistin Toni Pressley-Sanon kommt zu einem ähnlichen Schluss: Die paternalistischen Interventionen der USA seien durch fiktionalisierte Berichte über die Verderbtheit der haitianischen Kultur und des Voodoo gerechtfertigt worden. Pressley-Sanons Studie legt nahe, dass auch die zweite Intervention der USA in den 1990er Jahren (die später in die Mission MINUSTAH der Vereinten Nationen überführt wurde), die bis 2017 andauerte, mit denselben diskursiven und ideologischen Mitteln begleitet wurde, wie die erste Besetzung.[86]

Auch Raphael Hoermann schliesst sich dieser Argumentationslinie an. Er verortet die literarische Dämonisierung Haitis im Genre des «Haitian Gothic», wozu er etwa auch den Reisebericht William Seabrooks zählt. Er versteht die Schauergeschichten als eurozentristischen Reflex auf die Emanzipation der Sklav*innen anfangs des 19. Jahrhunderts und deren Ermächtigung der Aufklärungsideale und der konsequenten realpolitischen Konkretisierung als universelle (und eben nicht auf Europa beschränkte) Freiheitsrechte, was an die Analysen Métrauxs erinnert («the master maltreated his slave, but feared his hatred.»[87]):

> «The North Atlantic world still has not forgiven Haiti for this deed of self-liberation which configures freedom as a right won through struggle, rather than as a ‚favour' granted by the white masters who ‚grudgingly' decided to raise the animal-machine man to the supreme rank of man.»[88]

Hoermann verfolgt den Zombie bis zur haitianischen Revolution und fragt sich, ob ihm eine besondere Rolle bei der Befreiung Haitis zugekommen sei. Dabei beschreibt er, wie der als besonders brutal beschriebene Revolutionär Jean Zombi als aktuale historische Person Eingang in das Voodoo-Pantheon erhielt und eine Verbindung mit der bestehenden folkloristischen Figur eingegangen ist, die wiederum die Vorlage für popkulturelle Produktionen bot. Hoermann gibt zu bedenken, dass das Erbe Jean Zombis kontraproduktiv auf die Unabhängigkeitsbestrebungen Haitis gewirkt hätte, da es zur Mystifizierung des Inselstaats und letztlich als literarische Vorlage des Pulp-Fiction-Genres diente. Hoermann schliesst vielleicht etwas vorschnell, dass die Zombie-Trope deswegen kein emanzipatorisches Potential aufweise und auch nicht als Allegorie auf das marxistische Entfremdungstheorem gelesen werden könne: Dem Zombie fehle per definitionem ein Klassenbewusstsein und es sei daher weder angemessen noch subversiv, die unterprivilegierten Arbeiter*innen mit Zombies zu vergleichen.[89] Hier scheint Hoermann ein Kategorienfehler zu unterlaufen: Das emanzipatorische Potential liegt ja nicht in der Figur selbst, sondern gerade in deren allegorischen Kontextualisierungen, die nicht zwingend eine Essenzialisierung implizieren, solange die Allegorien nicht zu wirkmächtigen Stereotypen werden, wie Dash angemerkt hatte.

Die Ambivalenz der Schauerästhetik

Die analytische Reduktion auf eine Kritik der «dämonisierenden Schauerästhetik»[90] wie sie etwa bei Hoermann oder bei Dash anklingt, hebe die Signifikanz des Zombies als einflussreiche *haitianische* Erfindung auf, wie der Literaturwissenschaftler Kieran Murphy die postkolonialen Ansätze kritisiert, die am Zombie einzig den Reflex des «Othering» herausheben. Durch die ausschliessliche Fokussierung auf diesen Aspekt, würden sie die Umstände verdunkeln, in denen die phantasmatische Figur entstanden sei: Haitis wegweisende Erfahrung der (historischen und politischen) Moderne («pioneering Haitian experience of modernity»[91]). Murphy streitet nicht ab, dass die Figur in den vielen medialen Erzeugnissen zur Zeit der amerikanischen Besetzung zu einem mystifizierten Bild Haitis beigetragen hätte, doch der Zombie sei dadurch eben auch als globale Figur der Modernität in Erscheinung getreten, die vermochte, deren Ambivalenz sichtbar zu machen.

«Starting in 1932, the popularity of the first zombie movie, White Zombie, shows how the image of expendable Haitian zombies slaving in the sugar mill resonated with an American audience stricken by the Great Depression. The appropriation of the Haitian zombie by American mass media did contribute to the accentuation of Haiti's ‚Otherness', but it also signalled a modern and shared experience of loss and meaninglessness that reached beyond cultural differences.»[92]

Murphys Genealogie der Figur zeigt, wie die Figur aus der haitianischen Folklore in das amerikanische Imaginäre emergierte. Er zeigt die Parallelen zwischen dem Film «White Zombie» und den bei Moreau de Saint-Méry aufgeführten Beschreibungen (aus dem Jahre 1797) auf, dessen Vokabular unter dem Einfluss des damals verbreiteten Mesmerismus gestanden hatte. Nach Murphy reflektiere der Film die Zusammenflüsse von Voodoo und Mesmerismus subtil.

Auch die Kulturwissenschaftlerin Gudrun Rath, die den Zombie in seiner ersten literarischen Erscheinung untersucht, kommt zum Schluss, dass die Figur in der Form, wie sie der Kolonialroman «Le Zombi du Grand Pérou, ou la comtesse de Cocagne» von Pierre-Corneille Blessebois aus dem Jahr 1697 darstellt, eine europäische Erfindung sein muss. Der Autor des Romans war ein französischer Libertine mit langem Strafregisterauszug, Verbindungen zu revolutionären Geheimgesellschaften und einem Faible für «schwarze Magie», der infolge einer Strafe nach Guadeloupe als Arbeitskraft an einen Plantagenbesitzer verkauft wurde. In seinem Werk stellt er die herrschende Kolonialschicht mit ihren sexuellen Ausschweifungen nicht sehr schmeichelhaft dar.[93] Blessebois' Erzähler hält im Roman eine Verteidigungsrede vor Gericht. Er wurde der Hexerei beschuldigt, weil er die Comptesse verzaubert haben soll. Diese hatte ihn gebeten, sie in einen Zombie zu verwandeln, damit sie ihren Geliebten, den Plantagenbesitzer erschrecken könne, wofür sie den Erzähler mit sexuellen Diensten bezahlte. Der Erzähler überzeugt also die Comtesse, sie sei verzaubert, in dem er verschiedene aussenstehende Personen in das Unterfangen einweihte. Die Comptesse wandelte darauf hin im Glauben umher, ein unsichtbarer Geist zu sein. Als sie den Betrug bemerkte – nicht verzaubert zu sein – erhebt sie Anklage gegen den Erzähler wegen Hexerei. Der Text handle hauptsächlich von falschen Hexern und falschen Zombies, wie Rath folgert. Zudem legt Rath nahe, dass die Vorstellung des unsichtbaren Geistes auf den europäischen Wiedergänger zurückzuführen ist.

Damit erweitert Rath die bestehenden Interpretationen, wonach die Figur «als Ressource des kulturellen Gedächtnisses»[94] Erfahrungen kolonialer Sklaverei transportiere, um eine weitere:

«Bereits dieser erste Text akzentuiert den *zombi* also als eine Figur der Zirkulation und Transformation, die auf synkretischen Verwebungen von unterschiedlichen Glaubenssystemen und kulturellen Imaginarien beruht. Im Zuge dieser Prozesse spielten allerdings nicht nur afrikanische, sondern vor allem auch europäische Vorstellungen eine Rolle».[95]

Bei Rath erhält der Zombie sein emanzipatorisches Potential zurück, das ihm verschiedene Autor*innen absprechen (s. oben), auch wenn sich in ihm bereits die Meister-Herr-Koppelung abzeichnet (die Comptesse unterwirft sich ihrem «Hexer»). Indem Blessebois die klaren Grenzen zwischen Herr und Knecht transzendiert – die Comptesse wird zum Knecht, der Angestellte zum Meister –, vollführe er einen «Akt der Dissidenz – innerhalb dessen die Figur des *zombi* eine zentrale Rolle einnimmt.»[96]

Pseudopazifierung und «postracial fantasies»: Zu den aktuellen Genreproduktionen

Die Frage, ob die Figur des Zombies nun emanzipatorisches Potential hat oder ob sie im Gegenteil eine kulturelle Bedrohung ist, wird auch im kulturwissenschaftlichen Diskurs in Bezug auf aktuelle Genre-Produktionen kontrovers diskutiert. In den «neueren» Hollywood-Produktionen in der Ära nach George Romero werden die Zombies als pandemisches Massenphänomen dargestellt. In wilden Horden greifen sie Menschen an und infizieren sie durch Bisse. Die Population der Untoten wird immer grösser und drängt die Überlebenden zu immer aussichtsloseren Fluchten in provisorische Schutzvorrichtungen.

Die Politologin Nancy Wadsworth etwa sieht in der gegenwärtigen Konjunktur des Zombiegenres einerseits kollektive Ängste sich widerspiegeln, andrerseits aber auch das Potential, das Spektakel zwischen Herrschaft und Hilflosigkeit aufzubrechen und alternative Lebensformen zu verhandeln.[97] Wadsworths Interpretation der TV-Serie Walking Dead legt verschiedene Analogien auf die Alltagskultur frei und liefert mit Herberts Marcuses Ästhetischer Theorie Argumente dafür, warum die Rezeption ein ästhetischer Gewinn ist: So zeige die Serie als Analogie auf die moderne Zivilisation deren Tendenz auf, ihre Teilnehmenden in einen zombieähnlichen Zustand zu versetzen: Subjekte seien durch die Warenförmigkeit der Arbeit und durch die eigene Nivellierung in grossen Interdependenzketten von sich selbst entfremdet. Andererseits zeigt Wadsworth auch auf, dass es in den (fiktionalen) superprovisorischen Gemeinschaften der Überlebenden der Zombieapokalypse neue Formen der Solidarität gibt und Versuche der Institutionalisierung und der inneren Befriedung, also kein gegenseitiges brachialdarwinistisches Verdrängen des Nächsten.

Entschieden weniger affirmativ diskutieren die Soziologen Linnemann, Wall und Green das Zombiegenre und problematisieren den von diesem auf die soziale Lebenswelt übergreifenden Effekt der Zombiefizierung im Zusammenhang verschiedener Formen von Devianz:

> «Descriptions of monstrous 'zombiefied' others seem to fit the social reflex to look on in horror, rather than confront the proliferating insecurities of late-modern life.»[98]

Entlang eines Kriminalfalles, der sich unter dem Schlagwort «the miami zombie» medial im kollektiven Gedächtnis festschrieb, zeichnen die Autoren nach, wie in der gegenwärtigen Zombie-Konjunktur kollektive Vorstellungen zur Staatssicherheit und -gewalt, zu *Race,* Klassendominanz und zur sozialen Ordnung eingelagert sind und wie diese reproduziert werden. Ruby Eugene, ein 31-jähriger Amerikaner mit haitianischen Wurzeln, wurde 2012 mit mehreren Schüssen von der Polizei niedergeschossen, als dieser versuchte, das Gesicht eines Obdachlosen zu verspeisen. Aus der blossen Brutalität und Absurdität der Tat zogen die verantwortlichen Beamten die (rechtsstaatlich unhaltbare) Legitimation, den unbewaffneten Eugene zu exekutieren. Das Zombie-Narrativ als Deutungsschema der Wirklichkeit stelle jeden Menschen unter Generalverdacht («the zombie next door»). Jeder könnte durch einen unvorhersehbaren Ausbruch zum Zombie und zu einem (aufgrund seines zombiehaften Verhaltens) zu einem nicht als Menschen erkennbaren «killable other» werden.[99] Betroffen von den Prozessen der Zombification seien die sozial Ausgeschlossenen wie Süchtige, Obdachlose und psychisch Erkrankte. Die Verschränkung der Zombiefizierung mit der sozialen Unsicherheit des Mittelstandes sehen die Autoren auch im Aufkommen der Prepperszene wirksam, die sich teils explizit auf das Szenario einer Zombieapokalypse vorbereitet.

Einen thematisch verwandten Ansatz liefert Thomas Raymen, der in einer psychoanalytisch informierten kriminologischen Studie zu Walking Dead fragt, inwiefern die Serie erklären kann, warum der liberale Kapitalismus potentiell gewalttätige Subjekte generiert. So sieht er im gewaltsamen Verhalten der Gruppe der Überlebenden in der Fiktion ein Indiz, dass der Zivilisationsprozess, wie ihn Norbert Elias beschrieben hat, nicht zu einer Befriedung der Menschheit, sondern zu einer Pseudopazifizierung geführt hat. Die menschlichen Aggressionen würden in den kapitalistischen Gesellschaftsordnungen weiter als Triebfedern der Marktwirtschaft bestehen und seien demnach nicht eliminiert oder sublimiert.[100] Das Aufflammen der physischen Gewalt könne nun in der Fiktion als Zusammenbruch der auf Pseudopazifierung basierenden gesellschaftlichen Ordnung gelesen werden.

Einen weiteren kritischen Punkt spricht Eric King Watts an, in dem er argumentiert, dass

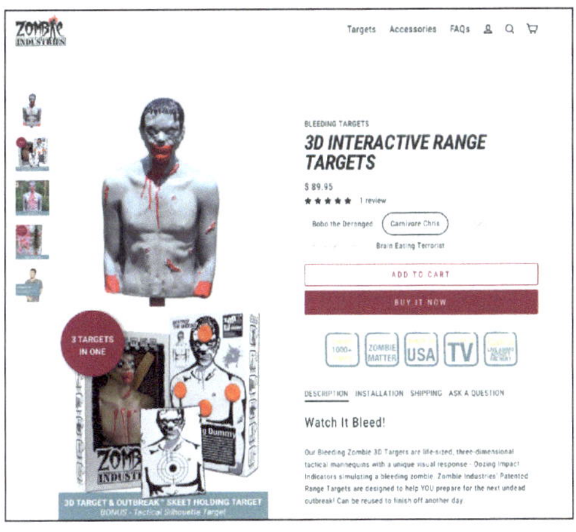

Abb. 16–18 Schiesspuppen, umgebaute Fahrzeuge, Überlebenskit: In Prepperszenen ist das Narrativ der Zombieapokalypse stark verbreitet. Screenshots.

die im Zombie-Genre verhandelten «postracial fantasies» zu einem Wiedererstarken von Rassen-Stereotypen führen würden. Dies zeigt er entlang eines Beispiels einer farbigen, lebensechten Zombie-Puppe für Schiessübungen, die von einer Firma namens Zombie Industries neben anderen Modellen (bspw. Ex-Girlfriend) entwickelt wurde. Er argumentiert, dass die Figur des Zombies, auch wenn diese postrassistisch adressiert wird, dennoch als schwarzer Körper verstanden wird, der die Population bedroht. Watts stellt eine Transformation des Zombies von einem fiktionalen Genre hinzu einer sozialen Form fest und macht dies ebenfalls an der Entwicklung der Prepperszene fest. Er fordert, dass das Zombienarrativ in den Diskursen genau verfolgt werden müsse, da es postrassischen, postethnischen Trieben Ausdruck verleihe, die das kollektive Gedächtnis und ethnische Relationen («race relations») strukturieren.

Historische Perspektive: Der Zombie während der haitianischen Revolution

Wie einige der oben besprochenen Arbeiten nahelegen, hat der Zombie als allegorische Figur in verschiedenen gesellschaftlichen Kontexten ein emanzipatorisches Potential. Dass dies gar ein ziemlich früher Wesensaspekt der Figur ist, zeigt die Amerikanistin Joan Dayan in ihrer Monographie «Haiti, History, and the Gods», in der sie deren Rolle während der haitianischen Revolution Ende des 18. Jahrhunderts beleuchtet. In ihren Untersuchungen zeichnet Dayan nach, wie die aktuale, historische Person des Widerstandskämpfers Jean Zombi eine Verschmelzung mit der folkloristischen Figur einging und als Mythos in das Voodoo-Pantheon transfigurierte (wie auch Hoermann oben problematisierte). Basierend auf Thomas Madious Geschichtsschreibung, der Jean Zombi als brutalen, wildgewordenen «mulatto»[101] und als besonderen Einzelfall innerhalb der haitianischen Revolution beschreibt, der selbst auf den Revolutionsführer Dessalines erschreckend wirkte[102], schliesst Dayan, dass durch die Person des Revolutionskämpfers die Figur des Zombies eine neue Konnotation erhält:

> «Zombi crystallizes the crossing not only of spirit and man in vaudou practices but the intertwining of black and yellow, African and Creole in the struggle for independence.»[103]

Jean Zombi verkörpert nach Dayan die multiethnische Gesellschaft Haitis im Kampf gegen die französische Besetzungsmacht – er wird zum Rächer der Unterdrückten und vermag in der Verbindung mit der imaginären Figur des Voodoo ein neues, subversives Potential erschliessen.

> «The name zombi, once attached to the body of Jean, who killed off whites and avenged those formerly enslaved, revealed the effects of the new dispensation. Names, gods, and heroes from an oppressive colonial past remained in order to infuse ordinary citizens and devotees with a stubborn sense of independence and survival. The undead zombi, recalled in the name of Jean Zombi, thus became a terrible composite power: slave turned rebel ancestor turned lwa [Voodoo-Geist | mh], an incongruous, demonic spirit recognized through dreams, divination, or possession.»[104]

Hegel und die haitianische Revolution

An die Lesart der historischen Ereignisse von Joan Dayan schliesst sich auch die Studie von Susan Buck-Morss an, die die Figur des Zombies zwar nicht explizit behandelt, doch den Einfluss des Voodoos (und damit implizit des Zombies) auf den revolutionären Moment diskutiert. Buck-Morss steckt den geschichtlichen Rahmen aus, in welchem sich der haitianische Befreiungskampf ereignete und arbeitet den engen Zusammenhang mit der Französischen Revolution und der europäischen Aufklärung heraus. Dabei ordnet die Philosophin und Historikerin den Ereignissen in Haiti in Bezug auf die Geschichte der Aufklärung eine besondere Bedeutung zu. Einerseits waren die ökonomischen und sozialen Verhältnisse Haitis vor der Revolution für den europäischen Wohlstand und die Entwicklung der Aufklärung in Europa massgebend, andererseits war es erst die haitianische Revolution, die dem Projekt der Aufklärung und ihrem Universalitätsanspruch auf Freiheit zu entscheidender Konkretisierung verhalf.

Nach Buck-Morss nahm während der europäischen Aufklärung paradoxerweise der Sklavenhandel zu. Zwischen den theoretischen Ideen der Aufklärung und der wirtschaftlichen Praxis des Sklavenhandels bestand eine offensichtliche Diskrepanz, die, ausgenommen in wenigen gesellschaftlichen Kreisen[105], im philosophisch politischen Diskurs nicht kritisiert wurde. Während die gestiegene europäische Nachfrage nach Zucker den Wohlstand der französischen Bourgeoisie erhöhte – nach Buck-Morss hingen 20 Prozent dieses Standes direkt und indirekt vom Sklavenhandel ab – entwickelte sich die Landwirtschaft hin zur protoindustriellen Produktion, was den Sklavenhandel weiter forcierte. Durch

Abb. 19–21 Nach Ausbruch der Zombiepandemie formieren sich Bürgerwehren und tragen ihren Teil zum Zerfall der zivilen Ordnung bei – das Genre stellt das elias'sche Pazifizierungsparadigma zur Diskussion. (Night of the Living Dead. USA 1968)

den intensivierten Handel von Waren und Menschen seien nach Buck-Morss auch die Ideale der Aufklärung exportiert worden[106]. Die zunehmend unhaltbaren Zustände in Haiti führten zu mehreren blutigen Unabhängigkeitsaufständen und schliesslich zur haitianischen Revolution – die politische Freiheit Haitis wurde also nicht von Frankreich gewährt, sondern von der haitianischen Bevölkerung erkämpft.[107]

> «Although abolition of slavery was the only possible logical outcome of the ideal of universal freedom, it did not come about through the revolutionary ideas or even the revolutionary actions of the French; it came about through the actions of the slaves themselves.»[108]

Buck-Morss spricht dem Voodoo für den Verlauf dieser Ereignisse eine subversive Rolle zu und zeigt auf reicher Quellenbasis dessen wechselseitige Verbindung zum Freimaurertum auf: Mehrere bedeutende Revolutionäre (Nachkommen französisch-haitianischer Eltern), waren in Frankreich ausgebildet worden und hatten Kontakte zu Freimaurerlogen gepflegt, die den Personen mit multiethnischen Hintergründen durch ihre progressiv-egalitäre Ausprägung soziale Räume geboten hatten, in denen die Segregation aufgehoben war.

> «[...] we cannot be blind to the possibility of reciprocal influence, that the secret signs of freemasonry were themselves affected by the ritual practices of the revolutionary slaves of Saint-Domingue. There are intriguing references to Vodou [...]»[109]

Buck-Morss Hauptanliegen ist es weiter, zu beweisen, dass Friedrich Hegels Herrschafts-Knechtschaftsdialektik aus der «Phänomenologie des Geistes» unter dem Einfluss der Geschehnisse in Haiti entstanden ist. Sie plausibilisiert diese These, in dem sie zeigt, dass Hegel bekennender Leser der Zeitschrift Minerva war, die in dieser Zeit die haitianische Revolution intensiv kommentierte. Als weitere Parallele zu den haitianischen Befreiungskämpfern erwägt Buck-Morss mit dem französischen Philosophen Jacques d'Hondt, dass auch Hegel sich im Umfeld der Freimaurer bewegte[110].

In der Zeit der haitianischen Revolution wurde sowohl realpolitisch wie auch geistesgeschichtlich ein für die Menschheitsgeschichte wichtiges Kapitel geschrieben. Oder mit Buck-Morss gesprochen: «Theory and reality converged at this historical moment.»[111] Die revolutionäre Situation, das erfolgreiche Auflehnen der unterdrückten Sklav*innen gegen die Herrschaft, lud nicht nur, wie mit Dayan eben dargelegt, den semantischen Gehalt der Zombiefigur neu auf, auch Hegels Philosophie fand nach Buck-Morss hierin den argumentativen Kern für ihre Gesellschaftskritik:

> «The actual and successful revolution of Caribbean slaves against their masters is the moment when the dialectical logic of recognition [Anerkennung | mh] becomes visible as the thematics of world history, the story of the universal realization of freedom.»[112]

Auch wenn die vormals unterdrückten Menschen sich in Haiti politisch formal befreit hatten, blieb die Herr-Knecht-Dialektik und der Kampf um Anerkennung ein grundlegendes Prinzip, das nicht nur politisch, sondern auch ökonomisch und psychologisch weiterhin globale Gültigkeit hatte und hat. Durch die fortschreitenden industriellen Entwicklungen, die internationalen Kapitalinvestitionen und militärischen Interventionen manifestierten sich neue hegemoniale Kräfte (nicht nur in Haiti), die auch den Zombie als doppelte Analogie der Deprivation und der zornigen Rache nicht zur Ruhe kommen liessen und lassen. Oder wie es Jeanette Ehrmann pointiert formuliert, «markiert die Gründung Haitis den Beginn der Verschuldung des globalen Südens, die als Fortführung der Versklavung unter dem Vorzeichen der ‚Entwicklung' gelesen werden kann [...].»[113]Beide, das hegelsche Theorieschema wie der Zombie als Figur des Imaginären verweisen, wenn nicht als Zwillinge – das wäre chronologisch etwas gar verkürzt, so doch als Geschwister auf eine fortdauernde historische, politische und anthropologische Bruchstelle, die von den verschiedenen Sozialwissenschaften problematisiert und bearbeitet wird.

Das Zombie-Amalgam: Zwei grundlegende Schemata

Was die Forschungsarbeiten zum Zombie in ihrer breiten disziplinären Varietät nicht unternommen haben, ist, den *Shift* vom Deprivationszombie, wie er etwa im Film «Withe Zombie» dargestellt wurde, zum Pandemie- oder Rachezombie, wie er in Hollywood-Produktionen seit den 1960er-Jahren beinahe ausnahmslos erscheint, zu untersuchen. Beide Schemata lassen sich mit den dargelegten Zombiecharakterisierungen und deren Geschichte zusammenführen. Der Deprivationszombie, wie er unter anderem bei Seabrook und Métraux beschrieben ist, bietet quasi die Grundfolie, auf die der Rache- und Pandemiezombie aufbaut.

Die frühen, vorrevolutionären Versionen des Zombies bestanden, wie die etymologische Arbeit von Ackermann/Gaultier und die literaturwissenschaftliche Arbeit von Rath zeigten, noch aus zwei möglichen Wesensarten – einer körperlosen Seele oder einem seelenlosen Körper. In der Zeit der Haitianischen Revolution setzte sich die Letztere in der Folklore dominant fest. Beide Aspekte, Deprivationserfahrung und Rache, finden spätestens in der historischen Figur des Jean Zombi zusammen, die nach Joan Dayan die mythologische Opfer-Figur um die Facette des rachesuchenden, wildgewordenen Rächers erweitert hat und so zum Inbegriff einer Bedrohung geworden ist. Die politisch motivierte Rache eines oder weniger Einzelnen hat das Potential, eine soziale Bewegung zu initiieren. Im Falle des cineastischen Zombies, dessen Rache blind und willkürlich sich in einem reinem Zerstörungseifer ergibt, und dessen *Spezies* sich durch die gebissenen Menschen vergrössert, ist der Vergleich nun auch mit einer Pandemie naheliegend. In neueren Zombie-Produktionen steht der Pandemie-Aspekt deutlich im Vordergrund und die Analogie zur Sklaverei ist, wenn überhaupt, blosse Nebensache.

Im Hauptteil der vorliegenden Arbeit wird mit diesen zwei Schemata gearbeitet: Der Deprivationszombie steht für die Abwesenheit von Autonomie, für Fremdbestimmung und kognitive wie soziale Ohnmacht; der Pandemiezombie steht für eine bedrohliche Masse bestehend aus Deprivationszombies, die entfesselt, eine körpergewordene blutrünstige Zerstörungswut darstellen. Eine Kleinigkeit, die die Filmproduktionen gegenüber den folkloristischen Quellen gerne zu unterschlagen scheinen, ist die Selbstgewahr-Werdung der Rachezombies und ihre Einkehr in ihr Grab und somit in den ewigen Frieden. Vielleicht kann diese Auslassung aber auch so interpretiert werden, dass die Zombies erst ruhen, wenn der letzte Mensch zerfleddert ist, da *wir* uns alle schuldig gemacht haben – eine These, die durch künftige Zombie-Filme erst noch zu bestätigen wäre.

Die Philosophie Hegels und der Zombie

Der Zombie bezeichnet als mythologische Figur einen psychosozialen Komplex, der im ausgehenden 18. Jahrhundert seinen vorübergehenden politisch-historischen Kulminationspunkt erreichte. Es ist nun im Weiteren von Interesse, wie die Gesellschaftstheorie Hegels aus jener Zeit auf diesen Komplex reagierte, die ja, folgt man Susan Buck-Morss oder Joan Dayan, mitunter in Zusammenhang mit den politischen Geschehnissen in Haiti entstanden ist. Daher wird die Herrschaft-Knechtschaftsdialektik Hegels aus der Phänomenologie des Geistes genauer betrachtet, um den Zombie und die entsprechenden Theoreme miteinander in Beziehung zu setzen. Die Wurzeln dieser Dialektik macht die Hegelforschung im «Kampf um Anerkennung» aus, wie er in den Jenaer Systementwürfen Hegels angelegt ist[114]. Da die Hegelforschung aus einer kulturwissenschaftlichen und (post-)strukturalistisch geschulten Perspektive ein beinahe unüberblickbarer Diskurs darstellt[115], der sich aus unterschiedlichen Exegesen einzelner Textstellen speist und sich durch verschiedene Disziplinen zieht, stützen sich die nachfolgenden Betrachtungen,

Abb. 22 Machtlos dem Begehren des Masters ausgesetzt: Das Plakat des ersten Zombiefilms benennt die Formel des Deprivationszombie und verweist auf das koloniale Erbe der Figur (White Zombie, USA 1932).

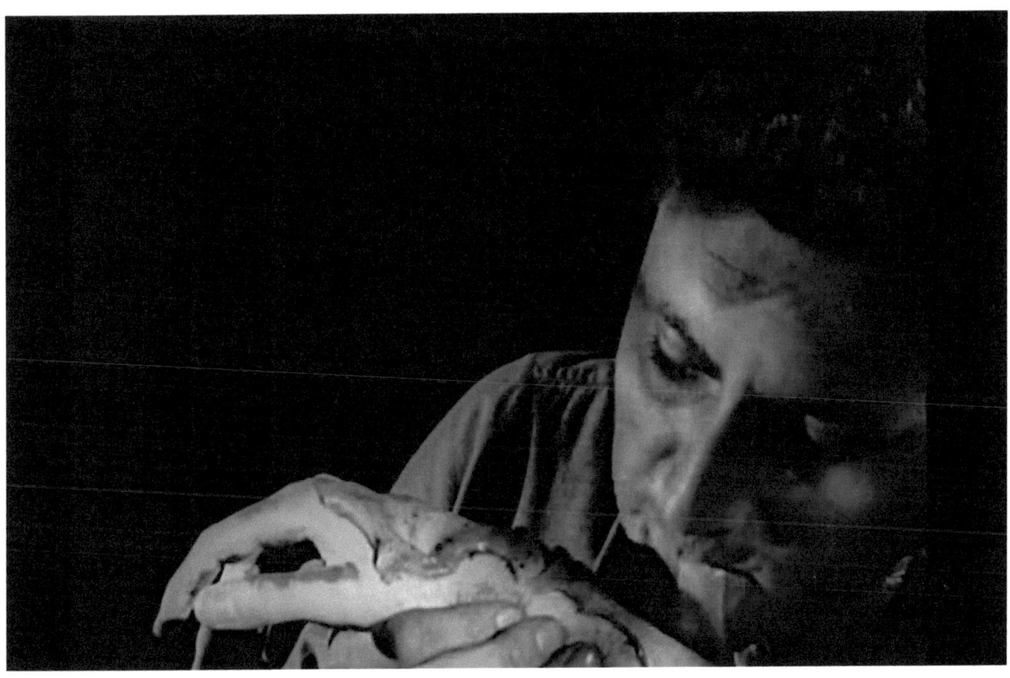

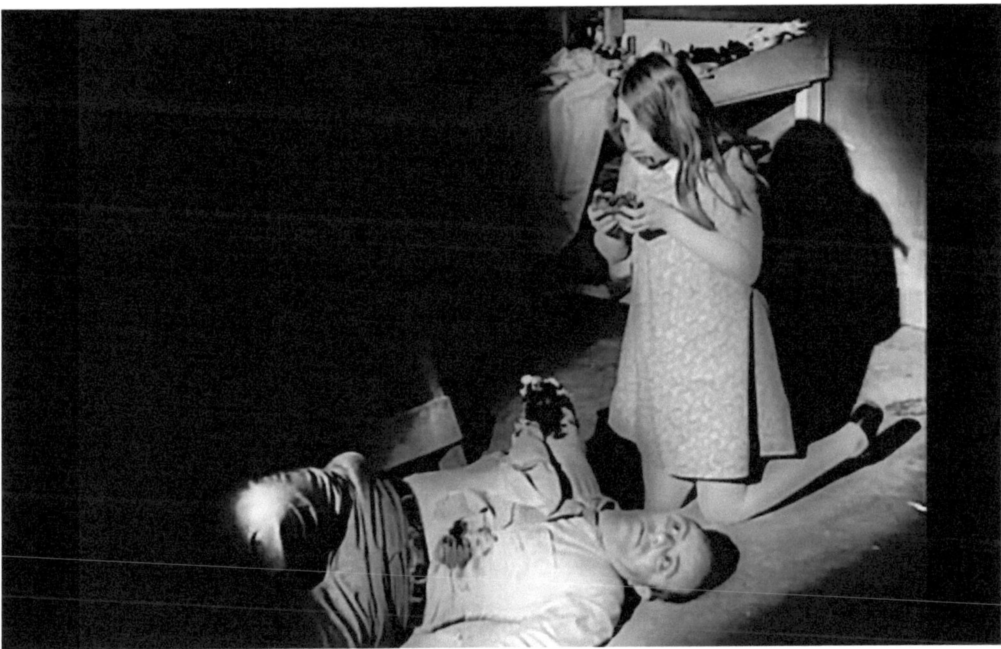

Abb. 23, 24 Unersättlicher Hunger nach Mensch: Der Rachezombie wird in seiner pandemischen Version zum Feind des Menschen (Night of the Living Dead. USA 1968).

neben den wenigen Rückgriffen auf Hegels Originaltext, hauptsächlich auf die Interpretationen und Analysen der Philosophen Alexandre Kojève und Axel Honneths.

Der Zombie im «Kampf um Anerkennung»

Hegel stand während der Niederschrift der Jenaer Systementwürfe und der späteren Phänomenologie des Geistes unter dem Eindruck der Geschehnisse in Haiti, wie wir mit Susan Buck-Morss bereits festgehalten haben.[116] Zudem war nicht nur die haitianische Gesellschaft im Begriff, sich umzuwälzen, auch die industrielle Revolution in Europa bedingte grundlegende gesellschaftliche Veränderungen, indem sie die Arbeitsteilung und Interdependenzketten zwischen den Menschen weiter vergrösserte. Hegel analysierte diese historischen Entwicklungen der Arbeitsbeziehungen, des Warenverkehrs und des Wohlstands, wie Buck-Morss herausarbeitet: Die in Arbeitsprozessen stehenden Menschen wurden entäussert resp. objektiviert, in dem sie in einen bloss funktionalen Zusammenhang zueinander gestellt wurden. An die Stelle *natürlicher* Notwendigkeiten seien bei Hegel, so Buck-Morss, historisch generierte Bedürfnisse getreten und der Drang zum Konsum und zur unermüdlichen Schaffung von Wohlstand sei zum grundlegenden gesellschaftlichen Modus geworden. Zu einem Modus, in dem zwischen den Teilnehmer*innen keine persönlichen Beziehungen bestünden; ein Austausch von Waren und Geld zwischen Fremden, die einzig durch ihr ungesättigtes Verlangen nach Gütern und Wohlstand miteinander verbunden sind[117]. Die dialektische Kehrseite an diesem Prozess: Im Moment des Tausches würden sich die Parteien gegenseitig anerkennen, was eine zivilisatorische Errungenschaft darstellte. Das Problem, das sich nun jedoch stellt, ist, dass der Mensch als Arbeitskraft objektiviert, ebenfalls zu einer Ware wird, und als solche gefangen in einem «ungeheuren System der gegenseitigen Abhängigkeit»[118] zirkuliert. Einerseits sei es Hegel um eine gegenseitige Anerkennung zwischen Individuen als politisches Moment einer rechtsstaatlichen Gesellschaftsform gegangen, die sich über den Warenverkehr beispielhaft entfalten kann, andererseits befördert gerade dieser Modus die Objektivierung und Verdinglichung des Menschen selbst, indem er den Menschen in eine Abhängigkeitskette einbindet, die ihm die Erlangung eines autonomen Status verwehrt – er bleibt für andere immer Objekt. Und doch weist dieser Antagonismus über sich hinaus. An dieser Stelle lohnt es sich nun, die Herrschaft-Knechtschafts-Dialektik etwas genauer zu betrachten und die Motive im «Kampf um Anerkennung» zu beleuchten, in dessen Prozess sich die Zombie-Schemata an mehreren Stellen verorten lassen.

Die Herrschaft-Knechtschaftsdialektik

Den folgenden Betrachtungen vorauszuschicken ist, dass Hegels Kapitel «Selbstständigkeit und Unselbstständigkeit des Selbstbewusstseins; Herrschaft und Knechtschaft» in der Phänomenologie des Geistes über eine komplexe und diverse Rezeptionsgeschichte verfügt, die etwa Henning Ottmann[119] und Karen Gloy[120] problematisieren. Im Nachfolgenden beschränkt sich die Arbeit auf eine eigene Wiedergabe und Interpretation des Herr-Knecht-Kapitels. Um den bewusstseinsphilosophischen Aspekt dieser Dialektik zu beleuchten, wird der Begriff der Begierde mit Axel Honneths genauer betrachtet und in Anlehnung an Alexandre Kojèves eine materialistisch-politische Interpretation angestellt.

Die Herr-Knecht-Dialektik bezeichnet vorerst ein asymmetrisches Abhängigkeitsverhältnis zwischen zwei Subjekten mit unterschiedlichem Status – im Duktus der damaligen Zeit zwischen einem Herrn und einem Knecht. Ersterer ist auf den ersten Blick unabhängig, verfügt über eine Überfülle an Eigentum und ist eine Existenz für sich selbst, während Letzterer kein Eigentum besitzt und in seiner Existenz von Ersterem abhängig ist. Darüber hinaus ist seine Existenz darin begründet, dass sie eine Existenz für einen anderen und nicht für sich selbst ist.[121]

Kampf um Prinzipien als Bedingung für allgemeines Bewusstsein

Was hat nun aber zu diesem Verhältnis geführt – wie ist es so weit gekommen? Um diese Frage zu klären, muss beim Selbstverständnis des Herrn angefangen werden, dem ein Kampf auf Leben und Tod voraus gegangen ist. Darunter ist mit Axel Honneth zu verstehen, dass «ihm [dem Herrn | mh] die Legitimität seiner Ansprüche mehr gilt als die physische Existenz.»[122] Auf der anderen Seite hat der Knecht als Besiegter, wie Alexandre Kojève festhält, gewissermassen komplementär «seine *menschliche* Begierde nach *Anerkennung* der *biologischen* Begierde nach Erhaltung des Lebens untergeordnet [...]»[123]. Kojève fährt fort: «Der Sieger hat sein Leben für ein *nicht* lebenswichtiges Ziel eingesetzt: das bestimmt und offenbart [...] seine Überlegenheit über das biologische Leben und infolgedessen über den Besiegten.»[124] Der Herr sieht sich also als Rechtssubjekt, dem es im Widerstreit mit einem Anderen stets um das Prinzip, oder anderes gesagt, um seine moralische Integrität geht. Der Kampf auf Leben und Tod bedeutet also nicht ein Überlebenskampf, wie er etwa in einem *fiktiven* – weil nach Hegel für den Menschen nicht zutreffenden – Naturzustand mit Konkurrenzverhältnissen um begrenzte Ressourcen sich ereignen würde, sondern, die Behauptung der eigenen Ansprüche als allgemeines Gesetz im Kampf bis auf den Tod. Hennig Ottmann zitiert eine Stelle in Hegels Enzyklopädie, in der Hegel diesen Kampf klar charakterisiert:

> «Der Kampf des Anerkennens und die Unterwerfung unter einen Herrn ist die *Erscheinung,* in welcher das Zusammenleben der Menschen, als ein Beginnen der Staaten, hervorgegangen ist. Die *Gewalt,* welche in dieser Erscheinung Grund ist, ist darum nicht Grund des *Rechts;* obgleich das *notwendige* und *berechtigte* Moment im Übergange des *Zustandes* des in die Begierde und Einzelheit versenkten Selbstbewusstseins in den Zustand des allgemeinen Selbstbewusstseins.»[125]

Hegel beschreibt demnach den Kampf um Anerkennung und die Unterwerfung als gewaltvoller, vorzivilisatorischer Prozess, der die Subjekte in Abhängigkeitsverhältnisse zwingt. Das Verhaftetsein der Subjekte in der eigenen Begierde und in den partikularen Interessen sowie der Wille zur Durchsetzung dieser über ein anderes Subjekt, ist die Gewalt, in der Hegel seine Vorstellung eines rechtsstaatlichen Systems nicht gründen lässt. Dennoch betrachtet er diesen konfliktträchtigen Modus als notwendig, um die Teilnehmenden in den Zustand eines allgemeinen Selbstbewusstseins und somit in einen Rechtstaat überführen zu können.

Dialektische Ignoranz der Herrschaft

Die vorrevolutionären Verhältnisse in Haiti, zwischen Plantagenbesitzenden und Sklav*innen, wie sie sich auch in der Zombiefigur konserviert finden, bezeichnen, aus heutiger Sicht vollkommen offensichtlich, keine rechtsstaatliche Situation. Das damalige Rechtsverständnis, das von König Louis XIV im Code Noir aus dem Jahre 1685 festgehalten war und bis zu den revolutionären Ereignissen mit Gewalt durchgesetzt wurde, basierte auf dieser Ungleichheit zwischen den Menschen. Hegels Herr-Knecht-Dialektik charakterisiert diese Situation deutlich, wenn auch nicht unproblematisch. Das Selbstbewusstsein des Herrn fusst in einer Ignoranz, die ihn den Knecht vergegenständlichen lässt. Er akzeptiert ihn nicht als autonomes Subjekt, sondern unterwirft ihn sich als Knecht, als Zudiener für seine selbst nicht abstrahierten Begierden, die er zum Gesetz erhebt. Um von seiner Begierde Abstand zu nehmen, fehlt ihm nach Hegel der Gegenpol, der im Insistieren des Sklaven auf Autonomie bestehen könnte. Bis hierhin trägt somit der Knecht bei Hegel einseitig die Verantwortung für seine eigene Position:

> «Der Herr bezieht sich auf den Knecht mittelbar durch das selbstständige Sein; denn eben hieran ist der Knecht gehalten; es ist seine Kette, von der er im Kampfe nicht abstrahieren konnte, und darum sich als unselbstständig, seine Selbstständigkeit in der Dingheit zu haben erwies.»[126]

Die problematische Dimension dieser Stelle wird spätestens deutlich, wenn sie mit der Ohnmacht des Zombies bedacht wird: In der totalen Abhängigkeit, der kompletten kognitiven wie ökonomischen Depriviertheit, ist es vordergründig offensichtlich, dass die Ressourcen für eine solche Befreiung nicht vorhanden sind. Wenn, marxistisch gefragt, das Sein das Bewusstsein bestimmt, wenn die rhetorischen und physischen Mittel nicht vorhanden sind, wie soll dann ein Kampf um Autonomie geführt werden? Und: Müsste es nicht auch im Vermögen des Herrn liegen, eine Abstraktionsleistung in Bezug auf seine eigene Begierde aus sich selbst heraus zu vollziehen?

Habitualisiertes Nicht-Sein: Die Knechtschaft

Hegel charakterisiert die Beziehung, die aus diesem ungleichen Kampf hervorgeht, etwas genauer, als eine einseitige Form der Anerkennung. Wenn der Knecht sich selbst in der Folge soweit zurücknimmt, wie er durch den Herrn von aussen zurückgestuft oder negiert wird, anerkennt er diesen, wird aber von Letzterem selbst nicht anerkannt:

> «[...] was der Knecht tut, ist eigentlich Tun des Herrn; diesem ist nur das Fürsichsein, das Wesen; er ist die reine negative Macht, der das Ding Nichts ist, und also das reine wesentliche Tun in diesem Verhältnisse; der Knecht aber ein nicht reines, sondern unwesentliches Tun. Aber zum eigentlichen Anerkennen fehlt das Moment, dass, was der Herr gegen den andern tut, er auch gegen sich selbst, und was der Knecht gegen sich, er auch gegen den andern tue. Es ist dadurch ein einseitiges und ungleiches Anerkennen entstanden.»[127]

Ohne nun in die Tiefen der Unterscheidung von wesentlichem und unwesentlichem Tun einzutauchen, seien diese zwei Begriffe an dieser Stelle für die Interpretation nur auf die Formel mit-sich-selbst-identisches, resp. nicht-mit-sich-selbst-identisches Tun reduziert. Diese oben beschriebene asymmetrische Relation versinnbildlicht der Zombie in aller Deutlichkeit: Ihm gilt nur das Wort seines Meisters und er verinnerlicht die Negation, die an ihm vorgenommen wurde, ohne Gegenwehr. Die äussere, durch den Meister vorgenommene Zuschreibung hat völlig von ihm besitzgenommen – der Zombie ist habitualisiertes Nicht-Sein. Könnte er einen eigenen Willen fassen und diesen kundtun, würde er in ein wesentliches Bewusstsein übertreten. Dadurch wäre zwar wieder eine symmetrische Relation hergestellt, die jedoch im Nicht-Anerkennen des anderen bestehen und keine gegenseitige Anerkennung gewährleisten und daher zirkulär, ohne Progression fortdauern würde. Es ist der Herr, der aus seiner vermeintlichen Wesentlichkeit hinauskommen und sich selbst in seiner Begierde soweit objektivieren muss, wie er den Knecht verdinglicht hat. Der Knecht andererseits müsste den Herrn mit seinem Willen objektivieren. Die Synthese aus der Herr-Knecht-Dialektik wäre also vorerst innerlich als «ein Spiel der Kräfte [...], aber im Bewusstsein»[128]vorzustellen, bei dem die Subjekte ihre eigenen Begierden soweit objektivieren, dass sie in der Begegnung mit einem anderen nicht mehr auf dessen Vernichtung und Unterwerfung aus sind – ein Selbstbe*herr*schungsprozess, der nach Hegel in zwei Richtungen ausschlägt:

> «Das Tun ist also nicht nur insofern doppelsinnig, als es ein Tun ebensowohl gegen sich als gegen das andre, sondern auch insofern, als es ungetrennt ebensowohl das Tun des Einen als des Andern ist.»[129]

Dieser innere und gewissermassen auch äussere Kampf, in dem sich Herr und Knecht befinden, ist also Resultat und gleichzeitig Voraussetzung einer Bewusstseinsbildung, die die Grundlage bieten würde, damit das Einzelne und das Allgemeine zusammenfallen, sprich das Ich in einem geteilten Wir sich wieder- und aufgehoben finden könnte – ein Prozess, der im folgenden Kapitel genauer betrachtet wird. Der geschichtliche Verlauf bei Hegel und damit auch die politische Realität Haitis zu jener Zeit haben sich jedenfalls soweit noch nicht über diese Dialektik erhoben.

Selbst-Widerspruch der Herrschaft

Als Untoter bezeichnet der Zombie also den Nullpunkt einer Anerkennungsbeziehung. Er verkörpert die Forderung der haitianischen Revolution «Liberty or Death» (eine Anlehnung an die Slogans der Französischen Revolution: Eher Tod als Sklaverei, Leben in Freiheit oder Tod[130]), in dem er den sozialen Tod, den die Sklaverei bedingt, als Sistierung des Lebens schlechthin veranschaulichen lässt. Im Kampf zwischen Herrn und Knecht auf Leben und Tod in oben beschriebenem Sinne ist der Zombie der lebende Tote, der nicht kämpft, sondern nur durch seine geistige Ab- und rein physische Anwesenheit eine symbolische Kraft in Anschlag bringt, mit der er das Handeln und die Existenz des Herrn als Illusion demaskiert. In der Unfähigkeit des Zombies zum Widerstand wird dem Herrn zwar eine Anerkennung zugesprochen, aber sie ist nicht dergestalt, wie sich der Herr sie sich wünschen kann. Der Zombie legt offen, dass seine Form des Gehorsams keine echte moralische Anerkennung ist. Er lässt den Herrn in einer Art narzisstisch-solipsistischem Status verharren. Der Herr befindet sich also in einem Selbst-Widerspruch, den auch Alexandre Kojève betont, wenn er die Freiheit des Herrn als «Sackgasse»[131] bezeichnet:

> «Nun ist aber meine Freiheit nur insoweit kein Traum, keine Illusion, kein abstraktes Ideal, als sie allgemein anerkannt wird durch die, die ich als des Anerkennens würdig anerkenne. Und genau das kann der Herr niemals erreichen. Zwar seine Freiheit ist anerkannt; sie ist also wirklich. Aber sie ist nur durch Knechte anerkannt; sie ist also unzureichend in ihrer Wirklichkeit; sie kann den, der sie verwirklicht, nicht befriedigen.»[132]

Es ist aber nicht nur dieser Selbst-Widerspruch in der Herrschaft, der die Dialektik der Herr-Knecht-Beziehung in Richtung Synthese führt. Auf Seiten der Knechtschaft wird in der haitianischen Revolution der selbstbewusstseinsbildende Moment sichtbar, der bei Hegel den Übergang in eine rechtsstaatliche Form, in die Autonomie der Menschen und sogleich den Ausgang aus der Dialektik bezeichnet: Die unterdrückte Bevölkerung Haitis klagt die inhumanen Bedingungen an, in denen es sich nicht zu leben lohnt und steht bis auf den Tod (mit dem Sinnbild des Zombies sogar darüber hinaus) für das eigene Recht ein.

Trauma als Moment der Bewusstseinsbildung

Aber wie hat sich das knechtische Bewusstsein transformiert und wie ist es zu einem revolutionären Bewusstsein geworden? Hegel legt auf Seite der Knechtschaft zwei Motive an, die die dialektische Wendung einleiten: Einerseits in der traumatischen Erfahrung des Knechts in der Begegnung mit dem Herrn – also in der Todesangst; andererseits in der abstrakten Arbeit und der Beziehung zu den Objekten, in denen er im Auftrag des Herrn, und nicht aus sich selbst heraus, steht. Das Trauma entsteht durch die gewaltsame Erfahrung der Verdinglichung, in der sich jegliche Identifikationspunkte des Knechts in reine Negativität auflösen, die bei Hegel als Bedingung des allgemeinen und freien Bewusstseins gilt, dem nichts mehr anhaftet:

> «Dies Bewusstsein hat nämlich nicht um dieses oder jenes, noch für diesen oder jenen Augenblick Angst gehabt, sondern um sein ganzes Wesen; denn es hat die Furcht des Todes, des absoluten Herrn, empfunden. Es ist darin innerlich aufgelöst worden, hat durchaus in sich selbst erzittert, und alles Fixe hat in ihm gebebt. Diese reine allgemeine Bewegung, das absolute Flüssigwerden alles Bestehens ist aber das einfache Wesen des Selbstbewusstseins, die absolute Negativität, das reine Fürsichsein, das hiemit an diesem Bewusstsein ist.»[133]

Durch die Arbeit, die der Knecht für den Herrn vollbringt, schärft sich zudem sein (Selbst-) Bewusstsein, «es hebt darin in allen einzelnen Momenten seine Anhänglichkeit an natürliches Dasein auf, und arbeitet dasselbe hinweg.»[134] Denn der Knecht steht im Arbeitsprozess in einem exzentrischen, vermittelten Verhältnis zu den Dingen und da diese nicht seiner Begierde, sondern der des Herrn entsprechen, zeigen sie sich in ihrer wahren Natur: Die Dinge sind unbeherrschbar, sie besitzen eine Selbstständigkeit und sind daher unbeständig.[135] Auf diese Weise ist das Arbeiten bei Hegel ein Bewusstseinsbildungsprozess, da in der Arbeit der Gegenstand nicht durch den Knecht konsumiert wird. Er muss seine Begierde drosseln, um den technischen Fortschritt sicher zu stellen.

> «Die Arbeit hingegen ist gehemmte Begierde, aufgehaltenes Verschwinden, oder sie bildet. Die negative Beziehung auf den Gegenstand wird zur Form desselben, und zu einem Bleibenden; weil eben dem Arbeitenden der Gegenstand Selbstständigkeit hat. Diese negative Mitte oder das formie-

> rende Tun ist zugleich die Einzelheit oder das reine Fürsichsein des Bewusstseins, welches nun in der Arbeit ausser es in das Element des Bleibens tritt; das arbeitende Bewusstsein kommt also hiedurch zur Anschauung des selbstständigen Seins, als seiner selbst.»[136]

Die Knechtschaft als Fortschrittsakteur

Unter *bildender Arbeit* versteht Hegel, dass durch Arbeit etwas erschaffen, eben gebildet wird. In einem zweiten Sinne meint er damit auch einen Bewusstseinsbildungsprozess, der durch das Gestalten und Produzieren ausgelöst wird und nur dem Knecht vorbehalten ist – der Herr hat sich ja bis jetzt auf das Geniessen der Produktionserzeugnisse beschränkt und ist im Herstellen der Gegenstände selbst ohnmächtig. Durch die Produktion eines Gegenstands erfährt der Knecht seine Selbstständigkeit, die auch auf den Gegenstand übergeht, den er nach Abschluss der Produktion veräussert. Nun dreht sich also das Abhängigkeitsverhältnis: Der Herr ist in Wahrheit viel stärker vom Knecht abhängig, als umgekehrt. Der Herr realisiert, dass er nicht selbstständig, also nur durch den Knecht ist. Ihm ist «der eigene Sinn [...] Eigensinn, eine Freiheit, welche noch innerhalb der Knechtschaft stehen bleibt.»[137] Sein Für-sich-sein, seine Autonomie ist also eine Illusion, die aus seiner Ignoranz in Bezug auf seine soziale Umwelt und aus der fehlenden Abstraktion seiner Begierde entsteht. Hegel folgert:

> «Die Wahrheit des selbstständigen Bewusstseins ist demnach das knechtische Bewusstsein. Dieses erscheint zwar zunächst ausser sich und nicht als die Wahrheit des Selbstbewusstseins. Aber wie die Herrschaft zeigte, dass ihr Wesen das Verkehrte dessen ist, was sie sein will, so wird auch wohl die Knechtschaft vielmehr in ihrer Vollbringung zum Gegenteile dessen werden, was sie unmittelbar ist; sie wird als in sich zurückgedrängtes Bewusstsein in sich gehen und zur wahren Selbständigkeit sich umkehren.»[138]

Für Hegel bildet also neben der Todesfurcht, ohne den Herrn nicht leben zu können, die Phase der Unterdrückung, der zwangsverordneten Arbeit die Voraussetzung, dass sich die Dialektik synthetisiert und sich der Knecht befreien kann. In den Arbeitsprozessen verarbeitet der Knecht Ideen, wenn es auch jene der Herrschaft sind, so sind sie doch abstrakt und werden erst durch ihn verwirklicht. Er wird aufgrund seines Technik-Vermögens zu einem Fortschrittsakteur, der die Natur nach abstrakten Vorstellungen gestalten und geschichtlichen Fortschritt bewirken kann. Nach Kojèves Hegelinterpretation kann sich der Knecht nur durch Zwangsarbeit und vorerst auch nur geistig befreien.[139] Er erhält eine Idee von Freiheit, die aber ideell bleibt und sich vorerst nicht realisiert.

Probleme der hegelschen Teleologie

Frei werden durch Zwangsarbeit – das klingt vor dem Hintergrund der Nazi-Tyrannei des Zweiten Weltkriegs sehr befremdlich und brachte Kojève von orthodox-marxistischer Seite die Kritik ein, er würde faschistische Perspektiven vertreten, wie sein Herausgeber Iring Fetscher festhält.[140] Dass Kojève (und durch ihn hindurch Hegel) aber durchaus marxistisch gelesen werden darf, wird sich spätestens in seiner Schlussfolgerung zu den Knecht-Ideologien im folgenden Kapitel zeigen. Der Zweck vorliegender Arbeit ist ja nicht, das Werk Hegels aus kulturwissenschaftlicher Perspektive zu problematisieren – ein Unterfangen, das den Rahmen bei Weitem sprengen und thematisch zu weit wegführen würde; trotzdem, auf ein paar kritische Stellen bei Kojève's Hegel sollte hingewiesen werden. Blind will die Arbeit der Theorie nicht folgen. Zuerst sollte die Frage gestellt werden, ob die beiden Typen, Knecht und Herr, formale Schemen sind, die anthropologische und sozial bedingte Dilemmata modellhaft bezeichnen sollen, oder ob sie historisch gemeint und als reale Entsprechungen zu verstehen sind. In beiden Fällen wäre dann zu fragen, ob diese Rollenzuschreibungen nicht zu statisch sind. Es müsste doch denkbar sein, dass je nach Kontext, dieselbe Person in unterschiedlichen Rollen agiert, der Knecht also Herr, der Herr manchmal Knecht wäre. Kritisiert werden sollte, wie bereits oben angedeutet, Hegels Begriff der aufgezwungenen Arbeit. Ist eine Selbstentfremdung im Arbeitsprozess wirklich nötig, um ein autonomes Selbstbewusstsein zu entwickeln? Und muss diese Selbstentfremdung auch vor dem Hintergrund der Todesangst eintreten? Denkbar wäre doch, dass durch die instrumentelle Bearbeitung der Natur der Mensch sich auch so von ihr abstrahiert und sein Werk, das Ding, als selbstständig erfährt – die Kränkung der Omnipotenz würde ohnehin eintreten. Dadurch, dass er sich auf nichts Beständiges verlassen kann – die Natur entzieht sich ihm, seine Identität ist stets im Transitorischen angelegt. Aber letztlich ist auch diese Auffassung problematisch, wenn sie von Hegel teleologisch linear gedacht wird, mit verschiedenen Phasen, die alle hin zum Allgemeinen, zur Vollendung der Weltgeschichte hinzeigen, in der der Mensch frei geworden sein wird. Damit liessen sich Totalitarismen, all die Formen der Unterdrückung, die sich ja im Zombie reflektieren, als Stufen zu etwas Höherem rechtfertigen.

Ausgehend von diesen kritischen Anmerkungen soll nun die Beziehung zwischen verschiedenen hegelschen Selbstbewusstseinsformen und der Begierde in den Blick genommen werden. Eine bisher noch unbeleuchtete Grösse. Um den Herrschafts-Knechtschaftskomplex besser zu verstehen, loht es sich, die hegelsche Anthropologie etwas weiter auszuführen und die beinahe als anthropologische Determinante eingesetzte Begierde genauer in den Fokus zu nehmen. Und auch hier trägt der Zombie, vor allem in der erwachten, rasenden Figuration zur Erhellung bei.

Von der Begierde zur Anerkennung: Stufen der Selbstbewusstseinsbildung

Das oben beschriebene *Tun gegen sich und gegen den andern* kann als Selbstbeschränkung verstanden werden, die bei Hegel zur Basis gegenseitiger Anerkennung und einer rechtstaatlichen Gesellschaftsform wird, in der die Subjekte als gleichberechtigt, autonom und solidarisch miteinander leben. Nach Axel Honneth hatte sich Hegel in der Phänomenologie des Geistes darzustellen vorgenommen, wie das

> «Subjekt [...] aus der Selbstbezüglichkeit der blossen Begierde soweit herausgetreten [ist], dass es um die Abhängigkeit weiss, die es an sein menschliches Gegenüber bindet. Den Übergang vom natürlichen zum geistigen Wesen, vom menschlichen Tier zum rationalen Subjekt [...].»[141]

Hegels Anthropologie ist als Entwicklung angelegt, der Mensch *ist* nur im Werden, im Tun – hauptsächlich hin zur Rationalität, die sich graduell am subjektiven Verhältnis zur Begierde misst und welches den Menschen in einem bestimmten Moment in die Herr-Knecht-Dialektik hinein (und wieder hinaus) führt. Bis der rationale Zustand, die Verwirklichung des Allgemeinen im Einzelnen und umgekehrt, das Einzelne im Allgemeinen, erreicht ist (was sogleich mit Hegel das Ende der Geschichte wäre), durchlaufen die Subjekte drei Stufen der Bewusstseinsbildung, wobei der Zombie, wie sich zeigen wird, parabolisch vorerst auf die primitive Phase und somit auf das der Autonomie und Humanität entgegengesetzte Spektrum verweist. Bedenkt man den Zombie als Untoten, der über kein ausdifferenziertes Bewusstsein, geschweige denn einen eigenen Willen verfügt, lässt sich ein Bezug auf die Vorstufe der ersten Bewusstseinsphase bei Hegel ziehen. In dieser Vorstufe ist das Bewusstsein passiv und noch nicht durch einen Willen *gedoppelt*[142]. Eine, wie auch immer geartete Begierde ist noch nicht als Objekt (das dann wiederum auf ein Objekt gerichtet ist) hervorgetreten. Es ist ein Verweilen in der Indifferenz, blosses passives Beobachten und Wahrnehmen. Diese leere, passive Instanz des Geistes (oder Bewusstseins) ist eine Komponente der Negativität, ihr fehlt aber noch das entscheidende Element zur Selbstbewusstheit, nämlich die auf sich selbst gerichtete Begierde, die in dieser Gerichtetheit auf sich selbst über eine animalische Begierde hinaus geht (die sich stets auf ein physisches Objekt bezieht) und zur genuin humanen Begierde wird. Wie kommt nun das autonome, aufgeklärte Selbstbewusstsein bei Hegel zu Stande?

Bewusstsein im Stand-by-Modus

Nochmals zurück zur passiven Vorstufe und zu einer ersten Zombie-Analogie: Der Zombie verfügt über jene Art des passiven Bewusstseins, also eine für sinnliche Impulse (nicht deren qualitativen Gehalt) erreichbare Instanz, und wenn es auch nur eine auf *Standby* gestellte Empfänglichkeit für die Befehle seines Gebieters ist. Eine vegetative Grundbereitschaft, die ihn zu einem untoten Wesen macht. Eine eigene Begierde jedoch vermag er (noch) nicht zu fassen – es sind die Begierden seines Meisters, die durch ihn hindurchwirken und die er befriedigt, ohne sich mit ihnen identifizieren zu können. Dass eine solche Gleichsetzung des Zombies mit Hegels Konzeption des passiven Bewusstseins etwas zu kurz greift, wird sich weiter unten zeigen.

Wie wir bereits bei Métraux und Seabrook erfahren haben, durchläuft der Zombie ja je nachdem auch ein Selbstbewusstseinsprozess: Durch die Einnahme von Salz – ebenfalls etwas, das er nicht aktiv erstrebt, sondern ein Vorgang, der ihm wiederfährt – erwacht er zu einem Bewusstsein, das sogleich einen *eigenen* Willen fasst, der je nach ethnografischen Quellen darin besteht, erst Rache an seinen Übeltätern zu nehmen oder direkt nach der ewigen Ruhe zu streben und wieder in das eigene Grab zurückzukehren.

Aktives Begehren: lechzendes Leeres in drei Variationen

Bevor nun der Zombie im Kontext dieses Bewusstseinsprozesses analytisch verortet wird, lohnt sich ein Blick auf die von Hegel ausgearbeiteten Stufen der Bewusstseinsentwicklung. Die Dualität des menschlichen Geistes besteht bei Hegel einerseits aus der passiven Instanz, andererseits aus einem aktiven, negierenden Begehren, das etwa Kojève als «ein nach Inhalt lechzendes Leeres»[143] charakterisiert. Die Stufen des Selbstbewusstseins hängen bei Hegel nun davon ab, auf welches Objekt sich diese aktive Leere richtet. Auf der ersten Stufe sind es die natürlichen, körperlichen Bedürfnisse, die das Individuum aus dem passiven, «welt- und körperlosen, unsituierten» Ich-Zustand hinaus zerren. Die Begierde lehrt das Individuum sukzessive, dass es eigenständig und handelnd ist. In den Worten Axel Honneths:

> «In der Haltung der ‚Begierde' vergewissert sich das Individuum seiner selbst als eines lebendigen Bewusstseins, welches zwar mit aller Wirklichkeit die Eigenschaften des Lebens teilt, ihr aber doch darin überlegen ist, dass jene von ihm als Bewusstsein abhängig bleibt. Die Begierde ist, so gesehen, diejenige körperliche Äusserungsform, in der das Subjekt sich versichert, dass es als Bewusstsein lebendige, naturhafte Züge besitzt.»[144]

Nach Honneth zeichnet sich diese erste Bewusstseinsstufe darüber hinaus noch dadurch aus, dass das Individuum im Glauben ist, dass die Wirklichkeit von seinem Bewusstsein abhängig sei und dass es, in seiner *neuen* exzentrischen Position, seine Bedürfnisse durch die Negation der Objekte wahrhaft befriedigen könne. Folgende Passage mag dies veranschaulichen:

> «Das Subjekt erfährt sich sowohl als Teil der Natur, weil es in die bestimmende, heteronome ‚Bewegung' des Lebens einbezogen ist, wie auch als ihr aktiv-organisierendes Zentrum, weil es an ihr kraft seines Bewusstseins wesentliche Diskriminierungen vornehmen kann.»[145]

Unter Diskriminierung und Negation sind die Vernichtung der Objekte gemeint, also das Konsumieren und Einverleiben verschiedener Güter. Das Bewusstsein auf dieser Stufe sitzt aber einer Illusion auf, der bereits im oberen Kapitel auch der Herr erlegen ist. Zwar ist das Subjekt nun in seinem Selbstbewusstsein in die Natur eingebunden, eine Natur, die sich dem Individuum in Form von Begierden vermittelt, doch erfährt es sich als der Natur überlegen, da es die Objekte jederzeit vernichten kann. Wie der Herr, der sich seiner Unabhängigkeit aufgrund der ungehinderten, konfliktlosen Konsumtion der Güter sicher war, läuft dieser Zustand im Modus der Selbsttäuschung, die sich erst durch eine weitere Erfahrung, die ebenfalls durch die Vermittlung der Begierde überwunden und auf eine weitere Bewusstseinsstufe hinführen wird. Die Selbsttäuschung besteht in der Annahme, die Gegenstände würden dem eigenen Willen gehorchen und sie hätten die qualitative Eigenschaft, die Begierde nachhaltig zu befriedigen. Durch die Verabsolutierung des eigenen Ichs verpasst das Individuum auch, sich als etwas Allgemeines zu verstehen.

«Die Insuffizienz der Erfahrung der ‚Begierde' besteht also, genaugenommen, in etwas Doppeltem, nämlich, dass sie das Subjekt erstens mit der Allmachtsphantasie ausstattet, alle Wirklichkeit sei ein Produkt seiner eignen, individuellen Bewusstseinsaktivität, und diesem zweitens dadurch verwehrt, sich als Glied einer Gattung begreifen zu können. Trotz all der bewahrenswerten Vorzüge, die diese Stufe für das Selbstbewusstsein mit sich bringt, muss sie doch daran scheitern, dass sie die falsche Vorstellung eines omnipotenten Selbst erzeugt.»[146]

Enttäuschung als Moment des Erkennens

Und genau auf dieser Erfahrung des «Gattungscharakters des Lebens»[147] baut die dritte Stufe des Selbstbewusstseins. Nimmt das Individuum nun die bisherigen Objekte der Begierde als unbeständig, unbefriedigend und selbstständig wahr, führt dies zu einer Enttäuschung und einer Resituierung des Selbst im oben beschriebenen, vermeintlich selbsterschaffenen Wirklichkeitsgefüge.

«[...] mit der [...] Tatsache also, dass die natürliche Wirklichkeit unabhängig vom Fortbestand ihrer einzelnen Exemplare existiert, geht der Zwang einher, auch das eigene Selbst als Instanziierung einer ganzen, nämlich der menschlichen Gattung zu begreifen.»[148]

Diese Erkenntnis öffnet nun den Weg zu einer intersubjektiven Sozialität, in der das Subjekt eine Autonomie erfährt, die ihrerseits eine Kohärenz mit dem Allgemeinen aufweist. Denn mit der Erfahrung des Gattungscharakters geht die Einsicht über die Vergänglichkeit allen Lebens einher und ein Bewusstsein der Gleichheit öffnet sich: Mein Gegenüber ist vergänglich, genauso wie ich. Das Subjekt mit einer solchen Einsicht kann den eigenen Begierden nicht mehr unmittelbar stattgeben, die zur Negation seines Gegenübers ansetzen, ohne in einen Selbstwiderspruch zu geraten, der darin bestünde, entgegen besseren Wissens auf die Befriedigung seiner Begierde zu bestehen und den *Tod des Gegenübers* in Kauf zu nehmen (um bei der begrifflichen Dynamik im Kampf um Anerkennung zu bleiben). Die Begierde kann ja nicht nachhaltig befriedigt werden und das Subjekt selbst könnte in einer solchen Welt ebenfalls jederzeit zum Objekt werden, das der Negation eines Anderen ausgesetzt ist. Die Begierde richtet sich auf der dritten Stufe also gegen sich selbst, im Sinne einer Selbstbeschränkung, die ihrerseits in der Begegnung mit dem Anderen eine Bestätigung findet, da sich dieser ebenfalls zurücknimmt. Erst durch die soziale Erfahrung also ist diese dritte Stufe des Selbstbewusstseins erst zu erreichen (und prozedural gedacht, zu pflegen). In den Worten Axel Honneths:

«Hegel behauptet mithin für die Art der intersubjektiven Begegnung, die er hier als notwendige Bedingung des Selbstbewusstseins inszeniert, eine strikte Form von Reziprozität: Beide Subjekte müssen wechselseitig in dem Augenblick, in dem sie sich begegnen, gegenüber sich selbst eine Negation vollziehen, die in der Abstandnahme vom jeweils Eigenen besteht.»[149]

So entfaltet sich eine individuelle Autonomie, die auf sozialen Prozessen der Anerkennung baut. Axel Honneth betont aber, dass die Begierde der dritten Stufe nicht durch die gegenseitige Anerkennung motiviert ist und nicht dadurch befriedigt wird, sondern dass diese Begierde bloss ein Mittel sei, das «ontologische Bedürfnis»[150], sich der eigenen Omnipotenz versichern zu können, zu befriedigen. Diese war ja in den vorhergehenden Stufen enttäuscht worden. In der gegenseitigen Rücksicht erfahren sich nun aber beide Subjekte als Akteure, die der Negation fähig sind und die sie in der gegenseitigen Begegnung vollziehen. So erkennt sich das Subjekt als elementarer Teil der Wirklichkeit, in dem es sieht, wie der Andere sich aufgrund seiner Präsenz zurücknimmt und sieht sich so bestätigt, dass eine Abhängigkeitsbeziehung zwischen ihm und der Wirklichkeit besteht. In dieser Begegnung hat sich die Begierde vom bloss Da-Seienden gelöst und erreicht gewissermassen eine das Einzel-Ich transzendierende Form, weil sie sich nun auf die Begierde eines anderen Wesens ausrichtet, die in sich auch keine positive Entität, sondern mit Kojève gesprochen, ebenfalls «lechzendes Leeres» ist.

«Das Nichtseiende begehren heisst, sich vom Daseienden befreien, heisst, seine Autonomie, seine Freiheit erringen. Die Begierde muss, um anthropogen zu sein, sich auf ein Nichtseiendes beziehen, d.h. auf eine andere Begierde, auf ein anderes lechzendes Leeres, auf ein anderes Selbst.»[151]

Dieser Bewusstseinsbildungsprozess, der gleichzeitig ein gesellschaftlicher Anerkennungsprozess ist, läuft freilich nicht ohne Konflikt ab. Er zielt in seiner Konsequenz stets auf das Prinzipielle und ist nicht biologisch motiviert.

«[...]wenn die Subjekte die sittlichen Verhältnisse, in denen sie ursprünglich sich vorfinden, deswegen verlassen und überwinden müssen weil sie ihre besondere Identität nicht vollständig anerkannt finden, dann kann der Kampf, der daraus hervorgeht, nicht eine Auseinandersetzung um die pure Selbsterhaltung ihres physischen Wesens sein; vielmehr ist der praktische Konflikt, der sich zwischen den Subjekten entzündet, von allem Anfang insofern ein sittliches Geschehen, als er auf die intersubjektive Anerkennung von Dimensionen der menschlichen Individualität zielt.»[152]

Formen der Anerkennung

Hegel verknüpft denn auch diese Bewusstseinsstufen lose mit entsprechenden sozialen Formen der Anerkennung, die sobald wir die gesellschaftskritische Dimension der Zombieanalyse beschreiten, zu berücksichtigen sind. Nach Honneth bezeichnet die familiäre Stufe ein affektives Anerkennungsverhältnis, in denen sich die Subjekte als liebende, emotional bedürftige Wesen anerkennen. Diese Stufe ist in dem Sinne existentiell, da die Subjekte sich im Kampf um überlebenswichtige emotionale Zuwendungen und körperlich-elementare Güter als voneinander abhängig erfahren. Die Erziehung formiere dabei die innere Negativität, was etwa soviel heissen mag, wie, dass das Kind sich als selbstwirksam erfährt und sich allmählich aus der familiären Verbindung emanzipieren kann, da es durch die Anerkennung seines Umfelds als Bedürfniswesen auch seinen Bedürfnissen und der Befriedigung Legitimität zu zusprechen lernt. Aus dieser Stufe herausgewachsen erkennen die Subjekte nun sich wechselseitig als Träger von Besitzansprüchen an. Dieses Anerkennungsverhältnis kann als kognitiv-formelles angesehen werden, in welchem prinzipielle Ansprüche verhandelt und in dem eine symbolische Ordnung des Tausches und des rechtlichen Eigentums etabliert werden. Der dritten Stufe, die Honneth als emotional-aufgeklärtes Anerkennungsverhältnis bezeichnet, geht wiederum ein Kampf voraus, dieses Mal jedoch nicht um materielle Ansprüche, sondern um «Ehre» und damit um nichts weniger als um Leben und Tod. Das Defizit der zweiten Stufe war, dass es sich in den rechtlich-formalen Anerkennungsbeziehungen um entleerte, negative Formen der Anerkennung handelte, die immer noch in den partikulären Interessen der einzelnen Subjekte verhaftet war und diese sich in diesem Modus nicht als totale, positive Instanz mit individuellen Eigenheiten gegenseitig anerkennen konnten.

«[...] nur in dem Masse ist ein Individuum zu einer vollständigen Identifikation mit sich selbst in der Lage, in dem es in seinen Eigenarten und Eigenschaften auch durch seine sozialen Interaktionspartner Zuspruch und Unterstützung findet: mit «Ehre» ist also ein affirmatives Selbstverhältnis gekennzeichnet, das strukturell an die Voraussetzung der intersubjektiven Anerkennung der je individuellen Besonderheit gebunden ist. Daher verfolgen beide Subjekte in dem Kampf das Ziel, ihre [...] Ehre dadurch wieder herzustellen, dass sie ihr Gegenüber von der Anerkennungswürdigkeit ihrer eigenen Persönlichkeit zu überzeugen versuchen; das aber, so unterstellt Hegel weiter, vermögen sie nur, indem sie sich wechselseitig die Bereitschaft demonstrieren, ihr Leben aufs Spiel zu setzen: allein dadurch, das ich zu sterben bereit bin, gebe ich öffentlich zu erkennen, dass mir an meinen je individuellen Zielen und Eigenarten mehr liegt, als an meinem physischen Überleben.»[153]

Das Resultat dieses Kampfes führt zu einem ganzheitlichen personalen Bewusstsein, das mit dem Eintritt auf die dritte Stufe einhergeht. Auf dieser begreift sich das Subjekt nun gleichzeitig als konkret und allgemein, sieht sich als Individuum auch im Anderen gespiegelt. Es ist zu einem konkret Allgemeinen, ein in seiner Einzigartigkeit vergesellschaftetes Subjekt geworden.[154]

Verortung des Zombies in hegelschen Koordinaten

Nach diesem Exkurs in Axel Honneths Interpretation der hegelschen Bewusstseins- und Sittlichkeitsphilosophie stellt sich berechtigt die Frage: Und was haben diese Darlegungen weiter mit dem Zombie zu tun, als die aus heutiger Perspektive etwas gar brachial anmutende Idee eines Kampfes auf Leben und Tod – der ja sinnigerweise im Zombiegenre ein ästhetisches Grundmotiv darstellt, auch wenn auf den ersten Blick mit veränderten Vorzeichen (das Anerkennungsmotiv jedenfalls ist nicht offensichtlich).

Hegels binäres Konzept des menschlichen Geistes, der aus einem aktiven (Willen, Begehren) und einem passiven Teil (beobachtendes Bewusstsein) besteht, erinnert zumindest formal an das Voodoo-Seelenkonzept (*Gros Bon Ange* und *Ti Bon Ange*[155]), bei dem ebenfalls zwischen einem passiven, nicht situierten und nicht personalisiertem Bewusstsein und einem persönlichen, handlungsinitiierenden, intentionalen Bewusstseinsteil gesprochen wird, der durch einen Zauber geraubt werden kann (wobei widersprüchliche Zuordnungen dieser zwei Seeleninstanzen zu den oben genannten Begriffen bestehen[156]). Bei Hegel sitzt wie auch in den Erzählungen des Voodoo (etwa zum sedierenden Liebeszauber) die Wesentlichkeit des Menschen im Begehren. Der Zombie ist ja gerade seines eigenen Begehrens und somit seiner Persönlichkeit beraubt, um dem Begehren eines Anderen zu dienen. Während aber im Voodoo-Pantheon sowie auch in sämtlichen Zombieproduktionen die Opfer des Zaubers als bloss vegetative Wesen charakterisiert werden, scheint bei Hegel, sofern man den Interpretationen Honneths und Kojève folgt, dieses passive Bewusstsein mehr als eine blosse sensorisch-funktionale Instanz zu sein. Bei Hegel ist sie intelligibel und übersteigt das kognitive Vermögen des Zombies. Kojève führt diese Instanz als sinnliche Gewissheit, als Ort der kontemplativen, passiven Erkenntnis ein[157] und Honneth charakterisiert sie als schwebende Aufmerksamkeit, die die mentalen Bewusstseinsleistungen begleitet[158].

Interessant wird es nun, den Zombie in Bezug auf das Begehren zu analysieren. Sobald sein Bewusstsein durch die Einnahme von Salz wieder einkehrt, fasst er unmittelbar zwei *Begehren*: Rache an den Urhebern seiner Entwürdigung zu nehmen und in seine ewige Ruhestätte zurückzukehren. Als Signifikant der Verknechtung spiegelt er seine Degradierung zum unterjochten Nutztier insofern wider, als kaum erwacht, er ein animalisches Begehren entwickelt, das ihn ausschliesslich auf ein Objekt fixiert und ihn zu einer blutrünstigen Tour der Negation ansetzen lässt. Er verfällt also einer biologischen Begierde, auf die er im Kampf zwischen Herrn und Knecht als *Verlierer* degradiert wurde. In dieser Resignation verkörpert er nun nach dem *Erwachen* die Zuschreibung zum Tier, die in der bestialischen Destruktivität seiner mörderischen Handlungen zum Ausdruck kommt. Der Zombie agiert zwar scheinbar aus biologischer Begierde, er zerfleischt spätestens seit den filmischen Adaptionen George Romeros wahllos Menschen, er tut dies aber nicht aus einem Selbsterhaltungstrieb – als Untoter überlebt er auch ohne Nahrung. Seine negierende Begierde, so ist es naheliegender, fordert, die Gattung des Menschen auszulöschen. Erst dann kann er zur Ruhe kommen. Die Schuld hat sich also in biblischem Masse vom Einzelfall auf die Gattung übertragen – solange es Menschen gibt, solange wird der Zombie nach ihnen trachten, ehe er zur Ruhe kommt.

Der Zombie greift also den Kampf an der Stelle wieder auf, an der er noch als Mensch vor seinem Tod als nicht anerkanntes Subjekt hervorgegangen ist. Und jetzt erst, als Untoter wird es gewissermassen ein ausgeglichener Kampf. Der erste wurde ja unter ungleichen Bedingungen geführt. Der Knecht konnte sich ein Kampf um Prinzipien gar nicht leisten, während der Herr bereits in einer privilegierten Position in den Konflikt getreten ist. Sofern man Hegels Polaritäten nicht rein formal versteht, starten die beiden Kontrahenten nicht aus derselben neutralen

Position heraus. Mit einer beängstigenden Insistenz rächt der Zombie seine gestohlene Ehre und seine zu Lebzeiten nicht gewährte Anerkennung.

In seinem blinden Todessturm lässt sich die Idee der reinen Negativität entdecken, die, folgt man Alexandre Kojèves Ausführungen zur hegelschen Anthropologie, den Zombie zum beinahe deckungsgleichen Verwandten des Menschen werden lässt: Der Mensch ist bei ihm «[...] ein Nichts, das als Zeit im räumlichen Sein *nichtet* durch die *Negation* dieses Seins [...]»[159] – eine leere, vernichtende Vorwärtsbewegung, die alles Seiende wieder zu Nichts werden lässt. Dadurch eröffnet sich freilich ein schauderhaftes, alternatives *Ende der Geschichte,* das von Hegel wie auch von seinen Kommentator*innen kaum gemeint sein konnte. Jedenfalls nicht in Bezug auf die Art und Weise, wie sich dieser Prozess vollzieht. Das *Ende der Geschichte* wird nicht durch einen Vernichtungsprozess, sondern durch einen emotional-aufgeklärten Anerkennungs- und Erkenntnisprozess erreicht, indem sich die eigene Begierde angesichts der eigenen Sterblichkeit und der des anderen negiert. Der Zombie stellt auch hier eine Inversion dar: Sein Ende der Geschichte wird durch das Festhalten an der eigenen Begierde, die nichts anderes als den Tod will, herbeigeführt.

Als Überleitung zum nächsten Kapitel mag der pandemische Aspekt des Rachefeldzugs noch kurz hervorgehoben werden. Sobald ein Mensch von einem Zombie gebissen wird, wird auch dieser zu einem Zombie und trachtet dem Rest der Menschheit das Leben. Auch vor der abschliessenden Synthese der Herrschafts-Knechtschaftsdialektik, in der sich ein auf Autonomie des Einzelnen basierendes egalitäres Staatswesen herausbildet, wird in Kojèves Interpretation der Herr zum Knecht. Da der Knecht zwar eine Vorstellung von Autonomie erlangte, sie aber nicht zu verwirklichen vermochte, wird die Ideologie zum strukturierenden Zauberspruch. Quasi als Rechtfertigung für die (noch) nicht verwirklichte Freiheit legen sich die Knechte also Ideologien zurecht, denen sie etwa so folgen, wie Zombies dem Befehl eines Zauberers. Durch die Ideologien ist die Freiheit genauso sistiert, wie im vorherigen Verhältnis: Der Knecht bleibt weiterhin in seiner Knechtschaft verhaftet – die jetzt aber ohne Herrschaft besteht.[160]

Moderne Knechte und die Ideologie des Kapitals

Nach Alexandre Kojève kann der Prozess der subjektiven wie sozialen (oder gar staatlichen) Bewusstseinsbildung, der bei Hegel stets historisch angelegt ist – und von Hegel mit Napoleon bereits als Ende der Geschichte verstanden wurde – als Emanzipationsgeschichte des Knechtes gelesen werden. Dieser hatte durch die Erfahrung der selbstentfremdenden Arbeit und der Todesangst eine Erkenntnis über sein wahres Wesen erlangt und somit eine noch abstrakte Idee der Freiheit erblickt. Doch um die Idee der Freiheit zu verwirklichen, kommt der Knecht wiederum nicht um einen Kampf auf Leben und Tod gegen den Herrn herum (denn dieser kennt, zumindest bei Kojéve, keinen anderen Modus). Der Knecht scheut diese Konfrontation bei Kojève[161] aufgrund seiner Todesangst. Es wäre aber auch denkbar, dass er diesen Kampf nun nicht mehr aus Angst nicht führen will, sondern aufgrund seiner neuen Einsicht in die Wesenheit seiner Existenz, in der er sich als leeres Nichts begriffen hatte – eine Einsicht, die ihn, wie sich zeigen wird, zu einer stoischen Bereitschaft führt, die Herrschaftsverhältnisse zu dulden. Mit der Einsicht des Knechts in seine wahre Wesenheit ist erst der Startpunkt bezeichnet, von dem die Synthese der Dialektik ihren Ausgang nehmen könnte. Damit sich eine symmetrische Anerkennungsbeziehung einstellen kann, muss diese wesentliche Erkenntnis jedoch auch vom Herrn gemacht werden (der zu diesem Zeitpunkt gar kein Herr mehr, sondern nur noch im Glauben darüber ist). Diese Ignoranz zu zersetzen, ist beschwerlich für den Knecht und er verfällt nach Kojève der Verlockung, sich mit der Idee der Freiheit zu begnügen, ohne sie zu verwirklichen. Er entwickelt in der Folge Strategien, bei Kojève sogenannte Knechtsideologien, die ihm erlauben, «seine Knechtschaft zu rechtfertigen, das *Ideal* der Freiheit mit dem Faktum der *Sklaverei* zu versöhnen.»[162] Die Ideologien, wie Stoizismus, Skeptizismus und die christliche Ideologie würden nach Kojéve chronologisch ineinander übergehen und ein graduelles Herauswachsen aus dem Ideellen ins Reale bedingen, an dessen Ende das freie Individuum stünde. In aller Kürze sollen die ersten zwei Ideologien hier mit Kojève kurz dargestellt und die dritte etwas ausführlicher betrachtet werden, da sie – so die These – bis heute weiterwirkt und eine weitere Analogie zur kapitalismuskritischen Zombietheorie eröffnet.

Vom stoischen zum skeptischen zum christlichen Knecht

Die Ideologie des Stoizismus zeigt sich in der Haltung des Knechts, dem es genügt, die abstrakte Idee der Freiheit gedanklich erfasst zu wissen. In diesem ideellen Konstrukt legt der Knecht keinen Wert auf die äusseren, materiellen Strukturen der gesellschaftlichen Umwelt. Er sieht sich von all diesen Bedingungen gedanklich unabhängig. Da der Mensch sich aber nur in der Tat befriedigen kann, genügt ihm diese stoische Haltung bald nicht mehr, er beginnt sich zu langweilen, und transformiert seine Ideologie in einen Skeptizismus, in dem er sich wieder als tätiges, negierendes Wesen erfährt. Seine Handlung ist auch hier eine rein gedankliche: Indem er beginnt, in skeptizistisch-nihilistischer Manier das Daseiende zu verneinen, erreicht er einen Solipsismus, der ihn in einen Selbstwiderspruch verwickelt, in dessen Konsequenz sich der Knecht suizidieren müsste. Denn worin bestünde der Sinn des Lebens, wenn man sich selbst, die Welt und die Menschheit negiert? Zurückgeworfen auf den grundlegenden Widerspruch zwischen seinem Ideal der Freiheit und seiner Existenz als Knecht, entwickelt der Knecht nun die christliche Ideologie, mit der er sich sagt, dass dieser Widerspruch existentiell zu allem Seienden gehört und nicht in ein und derselben Welt zu beheben ist. Daher schafft er sich mit dem Jenseits eine andere Welt, in der er sich die Erfahrung der Freiheit zugesteht. Somit wird also die Knechtschaft zum Prinzip des Diesseits – etwas anderes gibt es hienieden nicht, auch der Herr ist Knecht, eine Welt der eitlen Sinnlichkeit, die ohnehin nicht wahr, und es daher nicht wert ist, verändert zu werden. Wenn alle im Diesseits Knechte sind, wird der Herr im Jenseits ebenfalls absolut gesetzt. In diesem ideologischen Reflex hin zum Christentum und in der Schaffung des Jenseits, in dem ewiges Leben herrscht, kommt wiederum die Todesangst des Knechtes zum Ausdruck, sein Verlangen nach Leben:

> «[...] die letzte Triebfeder der Ideologie der ‚zwei Welten' und der Dualität der menschlichen Existenz ist das knechtische Verlangen nach Leben um jeden Preis, sublimiert in das Verlangen nach dem ewigen Leben. Das Christentum entsteht letzten Endes aus der Angst des Knechtes vor dem Nichts, seinem Nichts, das heisst – für Hegel – dem Unvermögen, die notwendige Bedingung der Existenz des Menschen zu ertragen – die Bedingung des Todes, der Endlichkeit.»[163]

Der Weg aus der Ideologie hinaus in die menschliche Freiheit wäre also, den Tod zu akzeptieren und die ideelle Freiheit im Hier und Jetzt zu verwirklichen. Dies würde bedeuten, die Religion in einem Atheismus aufzulösen und alles Allgemein-Jenseitige im konkret Diesseitigen zu verankern. Erst durch die Aufhebung des Christentums, dieser letzten Ideologie, würde die Menschheit frei. Hier setzte ja bereits die Französische Revolution an, indem sie die Vormachtstellung der Kirche durch die Etablierung einer philosophisch-rationalen Weltsicht relativierte. Bis zu diesem Punkt hatte der Knecht den Stoizismus und den Skeptizismus durchlaufen, ohne die gesellschaftlichen Verhältnisse je grundsätzlich revolutionär umgeworfen zu haben, im Gegenteil: Er hat sich nach Kojève jene «individualistischen Ideologien erdenkt, in denen der Einzelheit, der individuellen ‚Persönlichkeit' absoluter Wert zu gesprochen wird, und nicht der Allgemeinheit, dem Staat als solchem und dem Staatsbürger als Staatsbürger.»[164] Wenn es sich die Französische Revolution jedoch zum Ziel gemacht hatte, diese Diskrepanz zwischen Konkretem und Allgemeinem aufzuheben, dann war das für Hegel Anlass, in der Fortsetzung der Bewegung durch Napoleon, das Ende der Geschichte zu folgern. Kojève macht hier einen interessanten Punkt, wenn er bemerkt, dass bereits das Christentum die Synthese von Allgemeinem und Konkretem in der Inkarnation Gottes in Jesus Christus vorgesehen hatte, sie jedoch exklusiv auf Jesus[165] beschränkte und den «Sterblichen» die Synthese im Jenseits vorbehielt. Was auf Erden blieb, ist der Imperativ, seine Individualität zwar gottgleich, aber ohne Gott, zu verwirklichen, denn diese Verschmelzung wäre ja erst möglich, wenn der Mensch unsterblich würde oder eben, nach seinem Tod. Wie liesse sich also dieses Allgemeine im Diesseits unter der Bedingung der Sterblichkeit überhaupt realisieren? Das geht bei Hegel und Kojève nur über die Vorstellung der Immanenz:

> «Das bedeutet, dass das transzendente Allgemeine (Gott), das das Einzelne anerkennt, durch ein der Welt immanentes Allgemeines ersetzt werden muss. Und für Hegel kann dieses immanente Allgemeine nur der Staat sein. Im und durch den Staat, im irdischen Königreich, muss verwirklicht werden, was angeblich durch Gott im Königreich des Himmels Wirklichkeit werden sollte.»[166]

Kojève skizziert nun, was sich historisch und auf ideologischer Ebene im Vorfeld dieser Synthese ereignet, die sich ja *trotz* Napoleon und *trotz* den Erkenntnisleistungen des Deutschen Idealismus, bis heute nicht eingestellt hat. Hegel ging ja davon aus, dass mit diesen geschichtlichen Ereignissen und mit *seiner* Philosophie die Synthese ihren Anfang und ihr Ende nimmt. Vielmehr scheint diese Vorstufe der Synthese auch heute nicht abgeschlossen zu sein. Denn sie liest sich wie eine Analogie auf die im 21. Jahrhundert gegenwärtigen marktwirtschaftlichen Bedingungen.

Die Selbstverknechtung des Bürgertums

Wie Kojève herausarbeitet, werden in der bürgerlichen Ordnung, wie sie eben vor der vermeintlichen Synthese besteht, die Büger*innen zu ihren eigenen Knechten. Die Herleitung zu diesem Schluss ist vielschichtig und bedürfte ein eigenes Kapitel. Um nicht zu weit auszuholen, seien an dieser Stelle die argumentativen Gründe Kojèves[167] für diesen Zustand reduziert wiedergegeben – interessant im Hinblick auf den Zombie ist ja vor allem der Befund der *selbstverschuldeten Selbstverknechtung*: Aus einer historischen Perspektive betrachtet, erfuhr die heidnische Gesellschaftsordnung durch den Zivilisationsprozesses eine Ausdifferenzierung. Das Kriegswesen veränderte sich, Söldner wurden mit der territorialen Verteidigung beauftragt, die heidnischen Herren kämpften nicht mehr und die Interdependenzketten der Menschen untereinander wurden immer grösser. Damit ging die heidnische (kriegerische, totalitär-allgemeine) Gesellschaftsform über in eine römisch-imperiale, die sich mit der Erfindung des Privatrechts langsam zu einer christlich bürgerlichen Ordnung entwickelte. Von einem Totalitarismus des Allgemeinen in der heidnischen Phase zu einem Absolutismus des Partikularen in der christlichen Phase. Diese historischen Phasen und die oben beschriebenen Ideologien bedingten sich im wechselseitigen Zusammenspiel, bis sich mit der christlich-bürgerlichen Ordnung zur Zeit der französischen Revolution eine individualistisch-konkrete Weltauffassung herausbildete, die den allgemeinen Aspekt wiederum auslagerte (und somit nicht materiell realisierte). Doch nun wurde das Allgemeine nicht mehr im christlichen Jenseits situiert, sondern im Kapital und im (abstrakten) Eigentum, dessen Erwerb und Besitz nun jedem einzelnen verbürgtes Recht war. Somit sind die Bürger als isolierte Privateigentümer zu Knechten ihres Kapitals geworden.

Wie bereits angetönt, dieser Zustand ist nicht die von Hegel erdachte Synthese, obwohl der Zustand so verheissungsvoll tönt, wie das *himmlische Reich*: Das Allgemeine in Form des Kapitals und das Konkrete verkörpert durch die Bürger*innen endlich vereint in derselben diesseitigen Dimension; auch die Bedingung der Freiheit, die Hegel in der Entäusserung der Arbeit sah, scheint gewährleistet zu sein, indem der Bürger eben für das Kapital und nicht für sich arbeitete. Denn nur für sich zu arbeiten ohne gesellschaftlichen Zusammenhang wäre in seinen Begriffen animalisch. Wir erinnern uns:

Für die Herausbildung eines humanen Selbstbewusstseins war die Entfremdung durch Arbeit nötig, durch die hindurch der Mensch zu sich selbst hätte kommen sollen. Die Bürger in der christlich-bürgerlichen Ordnung können nun zwar weder für einen Herrn noch für einen Staat arbeiten – dieser besteht ja bloss negativ in der Versammlung isolierter Privateigentümer – doch *immerhin* für die Idee eines die gesellschaftlichen Sphären transzendierenden Kapitals. Kojève formuliert diese Analogie zwischen Christentum und modernem Bürgertum wie folgt:

> «Der gleiche christliche Dualismus findet sich in der bürgerlichen Existenz: als Gegensatz zwischen der ‚Rechtsperson', dem Privateigentümer und dem Menschen von Fleisch und Blut; als Existenz einer transzendenten ideellen Welt, die in der Wirklichkeit durch das Geld repräsentiert wird, durch das Kapital, von dem man annimmt, dass der Mensch ihm seine Taten weiht und seine sinnlich-biologischen Begierden opfert.»[168]

Macht die *Synthese* an diesem Punkt halt, dann ist die Begierde des Menschen nach Autonomie und Würde jedoch nicht materiell, sondern bloss symbolisch befriedigt und der Selbstbewusstseinsprozess stagniert in einer Art Pseudobefriedigung. Der Kampf um Anerkennung ist ja bei Hegel eine existentielle Angelegenheit – es geht um Leben und Tod – und kann nicht bloss auf einer abstrakten Ebene geführt werden, sondern muss das gesamte Individuum umfassen. Der Kampf um Anerkennung könnte ja auch als Pazifizierungsprozess betrachtet werden, in dessen Lauf sich alle Parteien und Individuen gegenseitig anerkennen (in der sich selbst negierenden Begierde des Gegenübers). Damit wäre auf subjektiver Ebene ein Vermögen erreicht, in dem die eigene Begierde sich selbst negiert und darin Befriedigung findet. Sie hat damit kein anderes Objekt, als sich selbst und ist daher unabhängig, individuell und gleichzeitig allgemein, weil sie mit der meines Gegenübers kohärent ist. Wird nun die Begierde im Dienste des Kapitals negiert, entwickelt sich dieses zu einem neuen, abstrakten Objekt, das, obwohl sich alle isolierten Individuen danach ausrichten, als Instanz sich nicht synthetisieren, sprich der Dienst an ihm nicht ein Dienst am Allgemein-Immanenten ist, sondern nach wie vor ein in der partikulären Begierde verhafteter solipsistischer Reflex, dem die Spuren einer Hoffnung auf ewiges Leben (oder abgeschwächt, auf eine Zukunft) innewohnen.

Konsumismus als vermeintliche Tür zum Konkreten

Diese eindimensionale Fixierung auf ein externes Objekt treffen wir bekanntlich auch beim Zombie an. Dieser handelt ja auf Befehl eines Zauberers und ausschliesslich nach dessen Willen. Bei «The White Zombie» war dieser zugleich Zuckermühlebesitzer und die Zombies dienten ihm als billige Produktionskräfte zur Steigerung seines Privatvermögens. In dieser Erzählung liegt auch ein deutlich kapitalismuskritisches Moment, in dem dargestellt wird, wie unmenschlich es ist, für einen externen Zweck zu arbeiten. In obigem Sinne ist auch der Zauberer ein Zombie, auch er ist Knecht des Kapitals, von dem ein Spruchkreis auszugehen scheint, der sämtliche Gesellschaftsteilnehmer*innen in seinen Bann zieht. Auch George Romeros «Dawn of the Dead»[169] schliesst hier an. Er liess die Zombies in einem Shoppingzenter herumgeistern und machte so eine Analogie auf den Konsumismus stark, die nicht die kapitalistischen Produktionszusammenhänge kritisierte, sondern den Warenfetischismus persiflierte. Durch den Konsum von Waren können sich die Subjekte ja der Wirklichkeit und der Kraft ihres Kapitals vergewissern, dessen Abstraktheit für Momente (vermeintlich) aushebeln. Mit der Möglichkeit des Konsums öffnet sich der Ideologie des Kapitals gewissermassen eine Tür zum Konkreten, wodurch sie an Stabilität und Glaubwürdigkeit gewinnt. Die Subjekte beziehen ihr Selbstbewusstsein nun aus der Gewissheit, dass die ins *Transitorische* geleistete Arbeit und die negierten Bedürfnisse darin Sinn machten, dass sie sich zu einem späteren Zeitpunkt umwandeln, *verwirklichen* lassen. Ich kann konsumieren, also bin ich, wäre etwas reduziert die aus der kapitalistischen Ideologie abgeleitete Losung (Konsum als ein Modus der Anerkennung). Und so wie ich das kann, kann es jeder andere Mensch auch, sofern er die nötigen Bedingungen geleistet hat oder bereit ist, diese Bedingungen in der Zukunft zu erfüllen. Die kapitalistische Ordnung hat nun aber nach hegelschen Massstäben Probleme, die Ansprüche an wahre menschliche Autonomie je zu erfüllen. Arbeiten die Subjekte nun nicht für sich selbst, sondern für das Kapital, ihren abstrakten Eigentum, so fehlt die immanente existentielle Dimension in diesen Tätigkeiten, da ihre Auswirkungen nicht auf das konkret Lebensweltliche, sondern ins Abstrakte verpuffen (auch wenn die Lohnarbeit unmittelbar existentiell scheint, es braucht mehrere Übersetzungsschritte, bis das Kapital wirklich bei den Arbeitstätigen in Form materialisierter Objekte ankommt und die nur ihres Nutzen wegen konsumiert werden – also nicht aus *fetischisierten ideologischen* Gründen). Und dieses Abstrakte, das der Kapitalismus bietet, ist noch lange nicht das Allgemein-Abstrakte, das Hegel mit dem Gemein- oder Staatswesen meinte, das als allgemein verbindliche, verkörperte Gerechtigkeitsvorstellung der Einzelnen hervorgehen sollte. Obwohl die kapitalistische Ideologie die gesellschaftliche Ordnung strukturiert und die individuellen Handlungen soweit determiniert, dass es scheint, Ideologie und Lebenswelt seien in sich eins und geschlossen, ist die Synthese noch nicht erreicht. Noch ist das Kapital ein Fluchtpunkt der Todesangst. Mit diesem Reservoir abstrahierter animalischer Bedürfnisse hilft sich der Mensch über seine Verletzlichkeit und Sterblichkeit hinweg und imaginiert, dagegen immun oder zumindest abgesichert zu sein.

Synthese in der Negativität

Aber ist denn überhaupt eine Synthese von Allgemeinem und Konkretem aus dieser Sackgasse der bürgerlich-kapitalistischen Ordnung denkbar? Wie kommt der Mensch aus dieser strukturellen Selbstverknechtung heraus? In Kojèves Darlegungen wird klar, dass der Mensch bei Hegel nur zu seinem wahren Selbstbewusstsein kommen kann, indem er den Tod wie auch die reine Negativität als seine Wesensart akzeptiert:

> «Die Negativität ist also nichts anderes, als die *Endlichkeit* des Seins (oder die Präsenz einer wirklichen Zukunft im Sein, die niemals ihr Präsens [...] wird); und die Tat ist wesentlich *endlich.* Darum hat [...] die durch die Tat geschaffene geschichtliche Welt notwendig ein Ende. Und die Wesenheit, die in ihrem Sein selbst Tat ist [der Mensch | mh], ‚erscheint' (auf der phänomenologischen Ebene) sich selbst und den anderen als unabänderlich sterblich. [...] Der Mensch wird nur dann wahrhaft seiner selbst bewusst, wenn er sich seiner Endlichkeit und damit seines Todes bewusst ist, denn er ist endlich und sterblich.»[170]

Eine solche Art von Selbsterkenntnis ist ein fundamentales Wagnis, das einer Todesbereitschaft gleichkommt, wie sie im Kampf um Anerkennung von Hegel gefordert wird. Aber welches Moment bedarf es nun, damit der bürgerlich-christlich-kapitalistische Mensch zu einer solchen Erkenntnis gelangt, die ihn veranlasst, jegliche transzendenten Reflexe, diese Einzahlungen ins Jenseits, zu unterlassen und den *Himmel auf Erden* herunter zu holen und im allgemeinen Staat zu realisieren?

Nach Kojève braucht es in diesem Stadium eine Schreckensherrschaft, die vom Menschen selbst ausgeht, die er sich selbst erschaffen hat, um ihn einerseits sein Selbst erkennen und andererseits das Allgemein-Abstrakte in seiner partikularen Existenz verwirklichen zu lassen. Die Schreckensherrschaft kann in dieser Phase, in der alle Gesellschaftsteilnehmer*innen zu Knechten geworden sind, nun nichts anderes mehr sein, als eine wildgewordene Knechtschaft, die den Menschen selbst bedroht – ein Gedanke, der uns in Form des pandemischen Zombies bereits begegnet ist. Hegel aber meinte natürlich nicht Zombies, sondern seiner Zeit entsprechend, die sich selbst bedrohende Revolution in der Verkörperung der Schreckensherrschaft Robespierres. Kojève beschreibt diese Entwicklung, in der *die Revolution ihre Kinder frisst,* wie folgt:

> «Der Bourgeois ist weder Knecht noch Herr, sondern – als Knecht des Kapitals – sein eigener Knecht. Er muss sich also von sich selbst befreien. Darum nimmt auch der befreiende Einsatz des Lebens nicht die Form der Gefährdung auf dem Schlachtfeld an, sondern die Form der Gefährdung

Abb. 25, 26 George Romero situiert seine zweite Welle der Zombiepandemie in einer Shoppingmall und unterstreicht damit das gesellschaftskritische Potential der Zombieerzählungen (Dawn of the Dead, USA 1978).

> durch die Schreckensherrschaft Robespierres. Der zum Revolutionär gewordene arbeitende Bourgeois schafft selbst die Situation, in der er das Moment des Todes in seine Existenz aufnimmt.»[171]

Normativ betrachtet ist diese Passage wiederum problematisch: Mit dieser von Kojève herausgearbeiteten Haltung rechtfertigt Hegel historisch Schreckensherrschaften als bloss weiteren progressiven Schritt im Prozess der Verwirklichung der Autonomie. Analytisch gesehen liegt hierin aber ein interessantes Moment: Die Gefahr, die der Mensch sich selbst darstellt, konfrontiert ihn mit der Todesangst und lässt ihn sich in einem *absoluten* Staat gegenseitig anerkennen. Wenn etwa im

Film «The Dead don't Die» sich die Gräber öffnen, weil der Mensch exzessives Fracking betrieben hatte und die Zombie-Apokalypse selbstverschuldet verursachte, wird genau dieses Moment beschrieben. Die Taten der Vergangenheit kulminieren in einem Schrecken, der die Lebenden neue Prinzipien fassen und eine neue Art sozialen Lebens gestalten lässt. Bedrohungen können nur gemeinsam bewältigt werden, auch wenn die existentiellen Auswirkungen nur auf der partikulären Ebene der Subjekte spürbar werden. Selbstredend, dass von dieser Notstand-Situation nun verschiedene Parallelen auch auf die gegenwärtige virale Bedrohungssituation (Covid-19) gezogen werden könnten. Armut, ökologische, medizinische sowie politische Katastrophen, die auf eine aus dem Ruder gelaufene Ökonomie zurückzuführen sind, zeigen demnach potentielle geschichtliche Scharnierpunkte auf, die in ein neues System überführen könnten. Da aber nicht wie bei Hegel von einem linearen, gewissermassen teleologischen Verlauf der Geschichte hin zu ihrer Vollendung ausgegangen werden kann, können solche Kippmomente nicht nur als Türen zum Fortschritt betrachtet werden.

Zombies als Beispiel selbstgeschaffener Bedrohung

Anders als in der gesellschaftspolitischen Wirklichkeit, in der auf *Try-and-Error-Versuche* zu verzichten wäre, können Zombiefilme verschiedene Szenarien einer solchen Schreckensherrschaft als fiktive Versuchsanordnungen durchexerzieren. Auf zwei bereits im Forschungsstand vorgestellte Arbeiten soll an dieser Stelle zurückgekommen werden. Beide sind in der Analyse der Zombieserie «Walking Dead»[172] zu je anderen Schlüssen gekommen, die vor dem Hintergrund des eben ausgeführten Kampfs um Anerkennung einige Aspekte nochmals verdeutlichen. Diese psychoanalytischen Perspektiven sollen mit von Adorno und Horkheimer inspirierten Gedanken zur Ideologie ergänzt werden und so auf das nächste Kapitel verweisen, die den Zombie psychoanalytisch zu fassen versucht.

Nancy Wadsworth hat in ihrer Arbeit herausgestrichen, dass die Analogie zwischen Wirklichkeit und Fiktion der Serie darin bestünde, dass die Menschen durch die Warenförmigkeit der Arbeit in eine Art Zombiezustand versetzt würden. Nun ist dieses Moment der Selbstentfremdung bei Hegel, dialektisch gewendet, Bedingung zur Erkenntnis des eignen Selbst. Mit Hegel gedacht, wäre die Analogie vielmehr darin zu sehen, dass der Mensch sich im Rahmen der kapitalistischen Ideologie selbst verknechtet und somit seine Autonomie ins Abstrakt-Jenseitige verlegt, was ihn zum Zombie macht. Wadsworth beschreibt aber passend, wie sich die Überlebenden in der Serie angesichts der Zombie-Bedrohung zu einer neuen Gesellschaftsform zusammenfinden und sich eine Art globaler, auf moralischen Grundsätzen basierender Superstaat bildet. Sie skizziert, wie die Zombie-Bedrohung kapitalistische Strukturen zersetzen lässt und den Menschen sich auf eine konkret existentielle Weise erkennen lässt.

> «[...] apocalypse provides a kind of tabula rasa mechanism – a sudden return to ‚state of nature' conditions and, as circumstances permit, a fresh re-writing of the social contract. Under pressure and on the fly, characters must learn how to solve their own problems without assistance from the state, the military, capitalism, religion, or any other institutional body [...].»[173]

Während sich also die kapitalistische Ideologie samt den dazugehörenden gesellschaftlichen Institutionen auflöst – es gibt keine Währungssysteme mehr – muss der Mensch auf neuen Grundlagen Gemeinschaften bilden, die ihm Zusammenarbeit und Nachhaltigkeit ermöglichen. Wadsworth fährt fort:

> «In this environment, instincts and fundamental drives, which especially neoliberalism's professional classes had all but forgotten, are painstakingly recovered. And with survival instincts, new standards of value emerge, and life itself becomes urgent, no longer abstractly.»[174]

Wadsworth folgert mit Marcuse daraus, dass sich der Mensch in dieser Situation zwischen Eros und Thanatos bewege und sich in einem Zustand befände, der sich psychisch aus grundlegenden Trieben und einer nicht habitualisierten Kognition konstituiere. Einerseits mag diese

Beschreibung für das konkret Lebendige stehen, ein Aspekt, der sich in der hegelschen Formel des Kampfes auf Leben und Tod wohl verorten liesse. Mit der einseitigen Betonung des *instinktiven* Naturzustands jedoch, lässt sie die Abstrakt-Allgemeine Dimension, deren Erreichbarkeit bei Hegel ein grundlegendes menschliches Vermögen ist, aussen vor. Wadsworth beschreibt in ihrer Analyse von «Walking Dead» zwar eine Synthese, die an eine gegenseitige Negation erinnert, die Protagonisten treten von ihren individuellen Welthaltungen zurück, um in der neuen klassenlosen Gesellschaft zu funktionieren. Dies geschieht jedoch aus einem Kampf ums Überleben und nicht aus einem prinzipiellen Kampf um Anerkennung heraus. An diesem Punkt wird deutlich, welche Form die von Hegel gemeinte Schreckensherrschaft haben muss, um den Menschen die Synthese beschreiten zu lassen: Solange die Bedrohung, deren Urheber der Mensch selbst war, nicht durch den Menschen selbst aufgehoben werden kann, das heisst, solange das soziale Zusammenleben auf die Bedrohung hin ausgerichtet und durch sie begründet ist, kann es im *Binnenraum* der Gesellschaft auch keine wirkliche Anerkennung geben. Der Kampf ums nackte Überleben, um physische Güter nimmt unter den Bedingungen einer *gattungsexternen* Bedrohung zu viel Platz ein, als dass der Mensch sich und sein Gegenüber wirklich (an-)erkennen kann. Was den Menschen in der hegelschen Anthropologie auszeichnete, war ja gerade, dass er sich nicht aufgrund eines Überlebenskampfes vergesellschaftete (etwa um konkurrenzfähiger zu sein), sondern aufgrund von moralischen Prinzipien, mit denen er zu einem autonomen Wesen wird und sich dessen in seinem sozialen Verbund vergewissern kann. Was auf fiktionaler Ebene von «Walking Dead» aufgrund dieser *gattungsexternen* Bedrohungslage nun nicht möglich ist, dürfte aber in einer gesellschaftlichen Wirklichkeit funktionieren, in der die Menschen mit den Folgen ihrer eigenen Handlungen und den Konsequenzen des eigenen Gesellschaftssystems in Form einer existentiellen Bedrohungssituation konfrontiert werden: Würden sich die Defizite des Kapitalismus als Schreckensherrschaft herausstellen, die den Menschen in vorgenannter Weise zu sich selbst und gleichzeitig zu einer Erkenntnis des Allgemein-Objektiven führen, entstünde ein revolutionärer Anlass, sich aus der *selbstverschuldeten Knechtschaft* zu emanzipieren.

Pseudopazifierung schlägt in Gewalt um

Den Rückfall der Menschen in «Walking Dead» angesichts der Zombieapokalypse in eine Art *Naturzustand,* wie ihn Wadsworth beschrieb, problematisiert Thomas Raymen als eine Sichtbarwerdung der Pseudopazifierung. Nach Raymen zeigt die Serie auf, wie die Ideologie der kapitalistischen Ordnung bloss auf einer Pseudopazifizierung ihrer Teilnehmenden fusst. Denn sobald diese Ordnung weggefallen ist, zeigt sich deren Bereitschaft, an Stelle der Einzahlungen auf die transitorische Ebene, durch aggressives Verhalten und durch das Verletzen anderer sich Vorteile im Kampf um Güter zu verschaffen. Die Serie vermöge, die der kapitalistischen Wirklichkeit zugrundliegende Barbarei aufzuzeigen.

> «We can see the violence and disorder displayed within TWD and FTWD [die Serien The Walking Dead und Fear the Walking Dead | mh] as a totalizing breakdown of the pseudo-pacification process. [...] As the symbolic order disintegrates and the productive modes of economic an consumer behaviour and competition evaporate, all that is left are the elementary modes of violent behaviour that have been pseudo-pacified since the earliest days of market societies.»[175]

Durch die Aufrechterhaltung der kapitalistischen Ideologie fällt der Mensch in einen Selbstwiderspruch, da er entgegen seines Wissens über die eigene Wesenheit sich trotzdem – mit Hegel gedacht, aus Todesangst – auf eine abstrakte Idee ausrichtet und sich in der christlich-kapitalistischen Ordnung selbst vergesellschaftet, als Subjekt mit Eigentumsrechten und Pflichten, die sich jedoch nicht auf eine Gemeinschaft beziehen. In diesem Reflex steckt eine Art von Gewalt an sich selbst, die eben durch den Zerfall dieser Ordnung in der Fiktion von «Walking Dead» als aggressive Grundhaltung der Protagonist*innen sichtbar wird. Diesen (teils gesellschaftlich erzwungenen) Selbstwiderspruch zwischen subjektiver Vernunft und ideologischen Normen entwickelt sich bei Adorno zum kollektiven Narzissmus, der zum Grund der Autoaggression wird, die wie Adorno in der Theorie der Halbbildung beschrieb, im ideologischen Rahmen wiederum kompensiert werden kann. Dadurch wird die Ideologie einerseits legitimiert und andererseits determiniert sie die Subjekte in ihren Handlungen:

> «Kollektiver Narzissmus läuft darauf hinaus, dass Menschen das bis in ihre individuellen Triebkonstellationen hineinreichende Bewusstsein ihrer sozialen Ohnmacht, und zugleich das Gefühl der Schuld, weil sie das nicht sind und tun, was sie dem eigenen Begriff nach sein und tun sollten, dadurch kompensieren, dass sie, real oder bloß in der Imagination, sich zu Gliedern eines Höheren, Umfassenden machen, dem sie die Attribute alles dessen zusprechen, was ihnen selbst fehlt, und von dem sie stellvertretend etwas wie Teilhabe an jenen Qualitäten zurückempfangen.» [176]

Als weitere Zombie-Analogie ist also die christlich-kapitalistische Ideologie mit einem Zauber (oder dem sedativen Gift) gleichzusetzen, durch welches der Mensch seinem Vermögen beraubt wird (oder sich selbst beraubt), ein autonomes Wesen zu sein. In dieser Ordnung agiert er durch animalische Bedürfnisse motiviert im Diesseits, in einem Selbsterhaltungsmodus und arbeitet für eine abstrakt-jenseitige Instanz, mit der er sich eins glaubt (ich bin mein Eigentum). In der Dialektik der Aufklärung von Adorno und Horkheimer findet sich eine Stelle, die diese Analogie weiter erhellen mag, wenn wir den Zombie als Menschen verstehen, der auf eine reine Funktion reduziert worden ist:

> «Nicht bloss mit der Entfremdung der Menschen von den beherrschten Objekten wird für die Herrschaft [hier die Selbsterhaltung garantierende Allgemeinheit in Form des Kapitals | mh] bezahlt: mit der Versachlichung des Geistes wurden die Beziehungen der Menschen selber verhext, auch die jedes einzelnen zu sich. Er schrumpft zum Knotenpunkt konventioneller Reaktionen und Funktionsweisen zusammen, die sachlich von ihm erwartet werden. Der Animismus hatte die Sache beseelt, der Industrialismus versachlicht die Seelen.»[177]

Könnte es nun aber nicht sein, dass es gar keine Alternative zu einem ideologisch präformierten Bewusstsein gibt? Jede Seele also per se schon versachlicht ist, weil es keine Seele ausserhalb einer Ideologie gibt? Jedenfalls ist es an dieser Stelle angezeigt, mit den psychoanalytischen Ansätzen von Jacques Lacan und Slavoj Žižek über die Beziehung zwischen Subjekt und Ideologie nachzudenken, die dieses Spannungsfeld – Individuum und Ideologie – in der Triade von Realem, Imaginären und Symbolischen verorten.

Bei Kojève haben wir gesehen, dass Hegels anthropologisches Konzept von einem universellen Bruch ausgeht, einem leeren Begehren, das sich nicht mit Objekten oder mit sich selbst vereinen oder mit sich selbst identisch setzen lässt. An diesem Punkt kann der Versuch fruchtbar sein, die bei Hegel formulierte Negativität mit dem von Freud entwickelten Todestrieb in Verbindung zu bringen.

Zombie auf der Couch: Psychoanalytische Interpretationen

Obwohl starke Zweifel bestehen an der Annahme, dass Sigmund Freud das Werk Hegels kannte und mit der Herr-Knecht-Dialektik vertraut war, treten bei genauerer Betrachtung bemerkenswerte Parallelen zwischen den beiden Theoretikern hervor.[178] Zwar aus ganz anderer Perspektive als Hegel baut auch die Psychoanalyse Freuds auf einem binären Verhältnis auf, das demjenigen Hegels nicht nur formal ähnlich sondern auch inhaltlich verwandt scheint. Das freudsche Verhältnis von Über-Ich und Unbewusstsein, in welchem die Trieb-Regungen via Ich (eine vermittelnde Instanz) mediatisiert und verdrängt werden, erinnert strukturell stark an die Herr-Knecht-Relation, in der, psychologisch interpretiert, sich ein ähnlicher Identitätskonflikt, ein ebenfalls mediatisierter, mittelbarer

Kampf um Anerkennung ereignet, aus dem sich das Selbstbewusstsein konstituiert. In beiden Ansätzen wird die Erkenntnis deutlich, die Freud treffend benennt, «[...] daß das Ich nicht Herr sei in seinem eigenen Haus.» [179] Auch bei Hegel ist die Herrschaft abhängig von der Knechtschaft. Herrschaft ist Ausdruck der, wenn auch unbewussten, Unselbstständigkeit. Worauf es nun bei beiden Ansätzen hinausläuft, ist, dass ihre Schemen die Autonomie der Vernunft (bei Freud) resp. des Herrschenden (Hegel) relativieren und eine anthropologische Bestimmung vorschlagen, die derjenigen der Zombies im Grunde nicht unähnlich sieht: Die Figur wie auch der Mensch sind sich nicht vollständig bewusst und sind mit gewisser Ohnmacht dem Diktat einer externen (Hegel) oder internen (Freud) Instanz ausgesetzt.

Die folgenden Kapitel gehen nun den Fragen nach, ob es vielleicht die Erfahrungen der Ohnmacht sind, die den Deprivations-Zombie als unheimliche Figur *rendern,* oder ob es andere, dem Menschen eigentümliche, alltägliche und offensichtliche Wesenszüge sind, die die Figur verkörpert und auf die sie uns in ihren medialen Erscheinungen hinweist. Ausgehend von Freuds Text «Das Unheimliche» wird versucht, eine analytische Verbindung zwischen dem dort besprochenen Doppelgänger und dem Zombie (sowie zu uns) herzustellen. Weiter wird im Hinblick auf die wilden, blutrünstigen Horden, die in ihrer pandemischen Erscheinung die soziale Ordnung zerrütten und durch ihr repetitives, auf eine Zwangshandlung fixiertes Verhalten uns über unsere neurotischen Züge und den Todestrieb nachdenken lassen, mit Freuds Text «Jenseits des Lustprinzips» ein analytisches Modell abgeleitet. Weiter wird diese zwanghaft unersättliche Fixierung auf ein Objekt (menschliches Fleisch) aus einer lancanschen Perspektive beleuchtet.

Der Wiedergänger als Doppelgänger

In seinem Essay «Das Unheimliche» aus dem Jahre 1919 theoretisiert Sigmund Freud die dem ästhetischen Phänomen des Schauderhaften zugrundeliegenden psychologischen Prozesse. Ein zentrales Element ist dabei der «Doppelgänger», der, wie sich nachfolgend zeigen wird, in vielen Hinsichten starke parallelen zum Zombie aufweist. Als Figur des Horrorgenres gehört er ja quasi *per definitionem* in die Kategorie des Unheimlichen. Es sind aber nicht nur die formalen Ähnlichkeiten, sondern gerade die inhärenten Eigenschaften, die Freud, wenn auch nur andeutungsweise, dem unheimlichen «Doppelgänger» zuspricht, die beinahe Grund zur Annahme bieten, er hätte beim Entwickeln des Konzepts den Zombie vor Augen gehabt. Es erstaunt daher, dass aktuelle Arbeiten, die sich aus psychoanalytischer Perspektive mit dem Zombie auseinandersetzen[180], nicht ausführlicher auf diese Konzeption zurückgreifen. Diese Lücke soll nachfolgend geschlossen werden.

In einer etymologischen Abhandlung zu Beginn des Essays arbeitet Freud heraus, dass der Begriff unheimlich auf sein Gegenteil, auf etwas Heimisch-Vertrautes verweist:

> «Also heimlich ist ein Wort, das seine Bedeutung nach einer Ambivalenz hin entwickelt, bis es endlich mit seinem Gegensatz unheimlich zusammenfällt. Unheimlich ist irgendwie eine Art von heimlich. Halten wir dies noch nicht recht geklärte Ergebnis mit der Definition des Unheimlichen von Schelling zusammen [: Unheimlich sei alles, was ein Geheimnis, im Verborgenen bleiben sollte und hervorgetreten ist | mh].»[181]

Diese Verschiebung von etwas Heimischem in ein Geheimnis kann als ein Abspaltungs- und Verdrängungsvorgang innerhalb der Psyche gesehen werden, der eine Art Doppelgänger-Entität des Verdrängten im Unbewussten erzeugt. Kehrt diese Entität nun wiederum ins Bewusstsein zurück, löst dies ein Gefühl des Unheimlichen aus, das die stabile symbolische Ordnung des Verstandes irritiert. Aber weshalb finden diese Verdrängungen statt, und vor allem: Was ist es, das nach Freud verdrängt wird?

Freud entwickelt seine Theorie im Anschluss an Ernst Jentschs Studien «Zur Psychologie des Unheimlichen». Dieser hatte den intelligiblen, ja cartesianischen Zweifel an der Beseelung eines Lebewesens, und dessen Gegenteil, die naive Vorstellung der Beseelung eines unbelebten Gegenstandes als Auslöser des Unheimlichen gesetzt. So seien es etwa gerade Automaten oder Puppen, die als unbelebte Gegenstände den unheimlichen Eindruck einer Beseelung zu evozieren vermögen und andrerseits erschienen etwa Menschen, die als beseelte Wesen beispielsweise einen epileptischen Anfall erlitten, im Eindruck der totalen Fremdbestimmung ebenfalls unheimlich.[182] Kurz, etwas Belebtes erscheint unbelebt und etwas Unbelebtes erscheint belebt. Bereits in dieser Polarität könnte der Zombie als Untoter verortet werden, bezeichnet er doch exakt diese Ambivalenz zwischen Leben und Tod sowie zwischen Fremdbestimmung und Eigenwille. Damit stünde bereits eine Erklärung, weshalb der Zombie in der Ästhetik des Horrors gut funktioniert. Doch mit Freud lassen sich noch weitere, tiefenpsychologische Prozesse freilegen, auf die der Zombie indexiert.

Freud relativiert nun diese oben beschriebene Ambivalenz als Auslöser des Unheimlichen, indem er das Spiel mit dem Unbelebten als etwas Beseeltem in der Kindheit hervorhebt und spekuliert, dass hinter dem Unheimlichen nicht eine Angst, sondern ein kindlicher Wunsch verborgen liegt, alles möge beseelt sein (wenn das Kind etwa im Spiel mit der Puppe sich wünscht, sie möge lebendig werden). Angst und Wunsch stehen bei Freud demnach nicht zwingend im Widerspruch. Aus diesem kindlichen Spiel heraus entwickelt Freud in Anlehnung an den Psychoanalytiker Otto Rank nun ein weiteres naives, aus primärem Narzissmus entstandenes Motiv, das im Zusammenhang mit dem Unheimlichen steht: die Ich-Verdopplung. Freud schreibt:

> «Die Schöpfung einer solchen Verdopplung zur Abwehr gegen die Vernichtung hat ihr Gegenstück in einer Darstellung der Traumsprache, welche die Kastration durch Verdopplung oder Vervielfältigung des Genitalsymbols auszurücken liebt; sie wird in der Kultur der alten Ägypter ein Antrieb für die Kunst, das Bild des Verstorbenen in dauerhaftem Stoff zu formen. Aber diese Vorstellungen sind auf dem Boden der uneingeschränkten Selbstliebe entstanden, des primären Narzissmus, welcher das Seelenleben des Kindes wie des Primitiven beherrscht, und mit der Überwindung dieser Phase ändert sich das Vorzeichen des Doppelgängers, aus einer Versicherung des Fortlebens wird er zum unheimlichen Vorboten des Todes.»[183]

Diese Ich-Verdopplungen in der Kindheit sind also spielerische Versuche, den Einschränkungen des Realitätsprinzips zu entkommen (die Einschränkungen kommen nach Freud einer Kastration gleich) und die erfahrenen Kränkungen am kindlich-naiven Omnipotenzgefühl mit diesen phantasmatischen Konstrukten zu überspielen. Selbst im Laufe der Adoleszenz, in der sich die Rationalität des Verstandes festigt, hört der Mensch nicht auf, weitere Verdopplungen zu schaffen. Sie dienen ihm jetzt jedoch nicht als fantastische Gebilde, mit denen er sich wie in der Kindheit über seine limitierte Wesenheit hinwegtäuscht, sondern als Sammelbecken der von der Zensur des Über-Ichs zurückgewiesenen Wünsche und verdrängter Inhalte. Damit meint Freud

> «[...] alle unterbliebenen Möglichkeiten der Geschicksgestaltung, an denen die Phantasie noch festhalten will, und alle Ich-Strebungen, die sich infolge äußerer Ungunst nicht durchsetzen konnten, sowie alle die unterdrückten Willensentscheidungen, die die Illusion des freien Willens ergeben haben.»[184]

Aber das erklärt noch nicht Freuds Bemerkung, der Doppelgänger würde zum Vorboten des Todes. Wie kommt er zu diesem Schluss?

Der seit jeher am stärksten verdrängte Inhalt (noch vor sämtlichen Lustbildern) ist wohl die Tatsache des Todes. Ein Indiz findet Freud dafür in der Tatsache, dass «vielen Menschen, was mit dem Tod, mit Leichen, mit der Wiederkehr der Toten, mit Geistern und Gespenstern zusammenhängt» unheimlich erscheint und dass die gesellschaftliche Ordnung den sicheren, individuellen Tod überspielt. Freud sieht hier die Vorstellung der Menschheit auf einer primitiven Ebene stagnieren, auf der «der Tote der Feind des Überlebenden» sei und «beabsichtige, diesen mit sich zu nehmen, als Genossen seiner neuen Existenz.»[185] Es ist genau diese Vorstellung, die der Zombie in aller Deutlichkeit verhandelt: Er steigt als Wiedergänger aus dem Grab, holt die Lebendigen, macht sie zu seines Gleichen und installiert das Jenseits im Diesseits.

Obwohl Freuds Text mittlerweile über hundert Jahre alt ist, scheint er in Bezug auf die Todesverdrängung weiterhin Berechtigung zu haben. Der menschliche Tod ist aus der öffentlichen *(westlichen)* Sphäre nach wie vor, gerade in Zeiten der Gesundheits- und Selbstoptimierungsdiskurse, verdrängt, und kehrt hauptsächlich in narrativen medialen Erzählungen wieder. Er ist aus dem individuellen Leben externalisiert und die Auseinandersetzung mit den sterblichen Überresten zur käuflichen Dienstleistung geworden (Waschung, Totenwache, Beisetzung). Dass der Tod in seiner totalen Tatsächlichkeit gesellschaftlich verdrängt und tabuisiert wird, zeigt sich, um hier nur eines von vielen Beispielen anzuführen, etwa in der Art und Weise der Aufbahrung vor der Beerdigung, in denen die Verstorbenen geschminkt und in feierlicher Kleidung ihren Verbliebenen zum Abschiednehmen präsentiert werden. Als hätten sie sich bloss zu einem sonntäglichen Mittagsschlaf hingelegt, werden sie mit Attributen des Lebendigen ausgestattet: Rote Wangen und Parfüm, formelle Kleider – Statusverweise ins Diesseits. Die Toten dürfen nicht tot sein.

Der Zombie zeigt uns ein entschieden anderes, ein *echteres* Gesicht des Todes und thematisiert so Sterblichkeit, Alterung und Gebrechlichkeit. In der zerstörerischen Jagd nach Lebendigen demonstriert er die Performanz seines verwesenden Körpers, der Verwesung schlechthin, eine Dynamik des reinen Triebes ohne jegliche Vernunft – er ist ja untot. Dabei ist es aber nicht nur der körperliche Zerfall, sondern auch die moralisch-gesellschaftlichen und kulturellen Bedingungen, in denen er sich ereignet, die der Zombie zur Diskussion stellt.

Vom Grossen Anderen zum Objekt a

Der Psychoanalytiker und Filmwissenschaftler Jorge Assef beschreibt die vorerst körperliche Dimension, in denen sich der Zombie bewegt, wie folgt:

> «With its translucent skin, its missing pieces, its broken bones, its rotten parts, the zombie brings the machinery of the organism to the forefront, the one we tend to veil through the image of the body which provides [...] consistency [...]. Part of that consistency has to do with the fact that the body works as a refuge of the being, a boundary with the world. It is ‚our home'. In contrast, the zombie ‚non-body' has a limitless materiality, with holes on the outside, ready to become assembled into others in each bite.»[186]

Der Zombie lässt uns mit seinem offensichtlich fragmentierten Körper an dem Phantasma eines intakten und in sich konsistenten Körpers zweifeln. Er führt die körperliche Fragmentierung und die Gebrochenheit, weder mit der Umwelt noch mit dem eigenen Körper wirklich verbunden zu sein, den Mangel, den wir uns nicht eingestehen, wieder vor. Wir sind die Verwesenden, die Verletzlichen, die endlos Hungrigen, nie Gesättigten.

In seinem Verbund zur schieren vegetativen Masse irritiert er zudem das Bild des modernen autonomen Subjekts. Sein Auftreten in Horden ist aber nicht etwa der verdrängte Wunsch einer kommunitären Gemeinschaft anzugehören, die im Gegensatz zu einer (neo-)liberalen Gesellschaft stünde, sondern etwas, das (vorerst) ausserhalb dieser gesellschaftstheoretischen Antinomie steht. Die Zombies bilden ein anonymes Körpermeer, in dem jedes Element unfähig zur Kommunikation, ohne symbolische Ordnung einzig von einem zerstörerischen (kollektiven) Trieb getragen ist. Eine vernichtende Masse, die bloss auf ein Objekt fokussiert ist.

Daraus entwickelt Assef in Anlehnung an François Lyotard die Idee des hypermodernen Zombies («hyper-zombie»[187]), der zum Signifikanten einer postmodernen Konsumgesellschaft wird, in der die grossen kohäsionsbildenden Narrative weggefallen sind. Jetzt schwingt eine Kritik am Neoliberalismus wieder mit und die moralischen Dimensionen werden thematisiert. In lancanschen Begriffen gesprochen kommt dies nach Assef einer Verschiebung des Grossen Anderen zum Objekt a gleich. Mit letzterem bezeichnet Lacan ein Objekt, mit dem die oben beschriebene psychische Bruchstelle (etwa zwischen Mensch/Umwelt, Geist/Körper) kompensiert werden soll, was jedoch nie gelingt:

> «[...] das Objekt, das tatsächlich nicht mehr ist als das Dasein einer Höhle, einer Leere, die, wie Freud anmerkt, mit jedem beliebigen Objekt besetzt werden kann und dessen Einwirkung wir lediglich in Gestalt des verlorenen Objekts klein a kennen.»[188]

Es ist die Verschiebung von der Ausrichtung nach dem Grossen Anderen, der das Begehren gewissermassen sozial mediatisiert hat, hin zum reinen Durst nach dem Objekt a, die sich mit dem Verhalten des pandemischen Zombies erklären und mit der sich die ethische Tragweite thematisieren lässt. Diese Entwicklung vom Grossen Anderen als Referenzraum des sozialen Diskurses mit seinen Idealen, Ideen, Prinzipien (und auch Repressionen) hin zur reinen Objektorientierung, in der sich das Subjekt nur auf die Möglichkeit einer Befriedigung hin organisiert und sie durch jede Handlung erstrebt (eine Befriedigung, die nie gesättigt wird), führt nach Assef in einen Exzess, zu einer nach Lacan sogenannten «surplus-jouissance»[189], die die Subjekte zu einer moralisch blinden auf unmittelbare, kurzfriste Befriedigung getrimmten Masse werden lässt.

Nun folgt ein perspektivischer Wechsel, weg vom begehrenden Akteur, hin zu den Auswirkungen: Dass dieser Exzess eine äusserst gewaltsame Form annehmen kann, betont etwa der Philosoph Garry Mullen, indem er die Zombie-Fantasie als Repräsentation des erlittenen Grauens der Genozide des 20. Jahrhunderts beschreibt. Er bringt die Figur mit den sogenannten Muselmännern in Verbindung. Ein Begriff, der unter anderem von Primo Levi verwendet wurde. [190] Das Bild des Untoten konvergiere mit den Überlebenden des Holocaust und mahne an sie. Der Zombie begegnet uns hier wie bereits an anderer Stelle als Signifikant der totalen Deprivation, der systematischen Desubjektivierung, und verweist auf Folter und Vernichtung, wie sie in der Shoa und im Gulag betrieben wurden. Die Muselmänner sind die Opfer des faschistischen Exzesses, der sie entmenschlicht und wie unbelebte Objekte buchhalterisch verwaltet. Die Bipolarität der Zombiefigur macht es nun gerade möglich, diesen Komplex aus den zwei Perspektiven zu fassen. Täter sowie Opfer werden durch die psychoanalytische Zombieallegorie beleuchtet: Die einen als Medien eines bestialischen Exzesses (bei Assef), die anderen als Leidtragende dieses Exzesses (Mullen).

Die beschriebene Fixierung auf das Objekt a steht in scharfem Kontrast zur kantschen Selbstzweckformel («Handle so, dass du die Menschheit sowohl in deiner Person, als in der Person eines jeden anderen jederzeit zugleich als Zweck, niemals bloß als Mittel brauchst.»[191]) und lässt den Täter als Zombie charakterisieren, weil er jemanden anderen als Mittel zur Befriedigung seines Begehrens einsetzt und sich so vom moralischen Status eines vernünftigen Wesens verabschiedet. Und wäre sein Ziel auch *bloss* die Kumulation eines materiellen Guts, wie etwa Geld, fiele er aus der Formel heraus. Denn bei der Fixierung auf das Objekt a setzt er sich selbst bloss als Mittel ein, das Gut, das er als höchsten Zweck setzt, zu erreichen – Platz für einen Selbstzweck bleibt da nicht. Dies ist das Dilemma der Hypermoderne, in dem der Mensch in letzter Konsequenz zur Bedrohung seiner eignen Gattung wird. Dass am Ende der Operation (der Objekt-Fixierung) der Mensch sich selbst verwertet, beschreibt Assef wiederum mit einer Zombie-Analogie:

> «In the figure of the contemporary zombie we can see the effect of hypermodern discourse: beings who are completely alone, who do not create bonds with one another (individualism), who are the result of technoscientific excess taken to an extreme […], who move around en masse […] after their consumer objects […]. [...] in the zombies we might see the dreadful return of the effects of hypermodernity. We human beings have become consumer objects of our own devouring drive. [...] we go from being consumers to being consumer objects, and we become the waste of the operation.»[192]

Exzess und Sog ins Jenseits

Um Freuds Doppelgänger zu verstehen, eine Rolle, die, wie gezeigt wurde, der Zombie als narrative, imaginäre Figur bestens ausfüllt, ist die vorliegende Analyse beim Objekt a angelangt. Aber wozu genau? In welchem Zusammenhang steht das Objekt a mit dem Doppelgänger? Um dies weiter auszuführen, sollen nochmals zwei Elemente des Doppelgängers in Erinnerung gerufen werden. Wie bereits beschrieben, entstehen in der frühen Kindheit Verdoppelungen, Selbstbilder, die sich den Einschränkungen des Realitätsprinzips entziehen, darüber hinwegtäuschen lassen. Die Identifikation mit den naiven Verdoppelungen ist das, was Freud einen primären Narziss-

Abb. 27, 28 Die englische Komödie «Shaun of the Dead» spielt mit den selbstreferenziellen Erzählmustern des Genres. The killable others: Die Nachbarn kommen zu Besuch, eine Horde vor einem Pub, in das sich die Überlebenden zurückgezogen haben (Shaun of the Dead. UK 2004).

Abb. 29 In World War Z können Zombies rennen und bewegen sich als fluide Masse fort. Hier überwinden sie eine Mauer in Jerusalem (World War Z. USA 2013).

mus nennt – das Kind, das über ein omnipotentes Selbstbild verfügt (es kann die Puppe beleben, fliegen, zaubern) – und es *ist* jene phantastische Vorstellung, die es von sich selbst hat, und durch die es in einer unwirtlichen Welt leben kann (Freud: «Versicherung des Fortlebens»[193]). Zu einer dieser phantasmagorischen Vorstellungen gehört, sich allmählich als Individuum, als Ich zu verstehen. Das sich im Spiegel erkennen spielt hierbei eine bedeutende Rolle, da es wie Lacan hervorhebt, den Moment ausmacht, «wo das Subjekt sich in so tiefgreifendem Verkennen bestätigt sieht»[194]. Sich als heiles und wirkmächtiges Ganzes vorzustellen, das ist das, was Freud mit dem primären Narzissmus bezeichnet und was sich auch in der Erwachsenenwelt weiter, wohl mit anderen Vorzeichen und Ausformungen, erhält. Kollidiert nun zunehmend das Lustprinzip des Erwachsenen mit dem Realitätsprinzip, können wir den zweiten Aspekt hinzuziehen, um Objekt a und Doppelgänger zusammenzubringen. Freud sieht ja diese imaginären Verdoppelungen sich im Erwachsenenalter fortsetzen. Nun sind es aber nicht mehr die kindlichen Wünsche, die in ein phantastisches Weltbild integriert werden, sondern – vertauschte Vorzeichen – die «Ich-Strebungen, die sich infolge äußerer Ungunst nicht durchsetzen konnten, sowie alle die unterdrückten Willensentscheidungen»[195], die ins Unbewusste verlagert werden. All die nicht gesellschaftskonformen Impulse, die das Lustprinzip zu sublimieren hat und oft nicht gänzlich aufzulösen und in einen sicheren Höhepunkt, in eine akzeptierte Abfuhr, zu überführen weiss, kehren im Zombie (nicht nur) als reines Genussstreben nach dem Objekt a wieder – ein latenter, zurückgehaltener Exzess. Ein unbestimmter, destruktiver Trieb, eine Lust nach unmittelbarer Erfüllung, die dem Menschen tief vertraut sein dürfte – und ihm daher unheimlich erscheint. Also: Der Zombie zerrüttet die Vorstellung des kohärenten, gesunden, jugendlichen Körpers und konfrontiert uns so mit dem narzisstischen Selbstbild. Zudem thematisiert er die Kompensationsversuche, mit denen sich der Mensch über das Objekt a vor seinem ontologischen Mangel über sich selbst hinwegtröstet und -täuscht. All das bringt der Zombie hervor, aus der dunklen Gruft unserer verstossenen Wesensanteile, dem Unbewussten.

Freud könnte, um hier das Kapitel mit einer Spekulation zu schliessen, mit dem Begriff

«Ich-Strebungen», die sich aufgrund äusserer Umstände nicht umsetzen können, bereits auf eines seiner letzten Theoreme, den Todestrieb, verwiesen haben. Wären diese Ich-Strebungen als Kräfte zu verstehen, die den Menschen zu *sich* drängten, in *seine Bestimmung,* zu *seinem Wesen,* und wäre dieser Ort im Ausgang von Hegel das Unbestimmte, der reine Mangel, die Abwesenheit, das leere Begehren, das weder Fantasie noch subjektive Vernunft ist, dann müsste dies ein dem konstruktiven Lustprinzip entgegenlaufender Trieb sein, einer, der sich destruktiv gegenüber jeglichen Konventionen verhielte und der wohl in der Konsequenz der obigen Begriffe einem Sog ins Jenseits gleichkommt. Wenn die Angst ein invertierter Wunsch ist, wird die Verdrängung des Todes zu einem verdrängten Todeswunsch. Und dies wäre nun eine Ich-Strebung, die sich gesellschaftlich und biologisch, wenn die beiden Domänen als äussere Umstände gesetzt werden, nicht widerspruchslos umsetzen lässt.

Nun ist der Punkt erreicht, an dem sich die Lücke zum Todestrieb schliesst. Dieses Theorem, das von Freud in «Jenseits des Lustprinzips» (1920), einem seiner Spätwerke, entwickelt und von ihm vorsichtig als Hypothese behandelt wurde, trägt, wie sich weiter zeigen wird, viel zum Verstehen des Zombies, und spätestens an dieser Stelle ist es klar, auch zum Verstehen des Menschen, bei.

Negativität und Todestrieb

Was genau ist nun nach Freud unter dem Todestrieb zu verstehen und inwiefern ist der Zombie in dieser Systematik zu verorten, welche Aspekte vermag er bezeichnen? In der nachfolgenden Rekonstruktion und kritischen Interpretation der freudschen Spekulation werden die zentralen Begriffe und die Funktionsweise des Todestriebs aus dem Text «Jenseits des Lustprinzips» herausgearbeitet. Darüber hinaus drängt sich allmählich die Frage auf, die schon an mehreren Stellen der Arbeit implizit angeklungen ist, wie sich die hegelsche Negativität mit dem Todestrieb zusammen denken lässt. Sowohl Jacques Lacan und Slavoj Žižek stellen die beiden Termini in ihrer Arbeit in enge Verwandtschaft zu einander, als zwei unterschiedliche Begriffe, die auf dasselbe Phänomen verweisen. Streiflichtartig und nicht abschliessend sollen die von den beiden Autoren herausgearbeiteten Parallelen beleuchtet und im Hinblick auf den Zombie weiter interpretiert werden.

Die Idee eines Todestriebes mag Freud wie ein Widerspruch in seiner eigenen Theorie vorgekommen sein. Umso bemerkenswerter, dass er ihr mit dem Text «Jenseits des Lustprinzips» eine eigene Studie widmete, und seine etablierte Systematik der Libido-Ökonomie, also die Funktionsweise des Lustprinzips, zu einem guten Stück in Frage stellte. Freud war bis zu diesem Text davon ausgegangen, dass das Lustprinzip jegliche Erregungsspannungen im psychischen Apparat (die als Unlust wahrgenommen werden) zu einer Entladung führt (Lusterfüllung). Dies geschieht teils unmittelbar, teils mittelbar via Realitätsprinzip. Die Prämisse des Lustprinzips ist mit Freuds eigenen Worten wie folgt festzuhalten:

> «[...] der Ablauf der seelischen Vorgänge [wird | mh] automatisch durch das Lustprinzip reguliert [...], das heisst, wir glauben, dass er jedesmal durch eine unlustvolle Spannung angeregt wird und dann eine solche Richtung einschlägt, dass sein Endergebnis mit einer Herabsetzung dieser Spannung, also mit einer Vermeidung von Unlust oder Erzeugung von Lust zusammenfällt.»[196]

Je höher der Anteil ungebundener Erregungen in der Psyche, desto grösser ist demnach das Unlustempfinden. Werden die Erregungen gebunden, das heisst, in eine sekundäre, kognitive Instanz überführt, wo sie aufgrund des wirksamen Realitätsprinzips, das zum Lustprinzip in einer komplementären Beziehung steht, *aufgespart* oder *aufgeschoben,* werden die Erregungen nicht unmittelbar einer Entladung zugeführt und die Spannungen bleiben auch hier weiter bestehen. Lust besteht also nach Freud in einer Verringerung der Erregungsspannung. Freud spricht in Bezug auf das Lustprinzip auch von einem Konstanzprinzip, denn es ist ja darum bemüht, den Erregungsgrad möglichst tief zu halten und quasi zu einer seelischen Ausgeglichenheit oder Stabilität beizutragen.[197] Die durch das Realitätsprinzip aufgesparten, sublimierten Erregungen, erzeugen vorübergehend zu Unlust, die bisweilen zu psychischen Konflikten führen kann, die das Individuum letztlich aber in Kauf nimmt, um die gewonnene Stabilität nicht zu gefährden.

In der Beziehung zwischen Lustprinzip und Realitätsprinzip öffnet sich bereits eine erste Klammer zum Zombie, der, wie weiter oben beschrieben, in seiner ausschliesslichen Fixierung auf das Objekt a von einer Genuss- oder Befriedigungswut getrieben in einer Schlaufe von Enttäuschungen zirkuliert. Kein Todesopfer stillt je seinen Durst. Als verkörpertes Lustprinzip gibt er dem unmittelbaren Drang ohne Rücksicht auf Verluste statt (weder die eigene körperliche und geistige Integrität noch eine soziale Ordnung gelten dem Zombie etwas). In dieser Form ist das ein infantiles, neurotisches Verhalten, das gar einem Wiederholungszwang gleicht, wie die weitere Untersuchung zu zeigen versucht. Dem Drang, im Falle des (Rache-)Zombies, Menschen zu zerfleddern, wird wiederholt nachgegeben, obwohl er nicht zu einer Befriedigung führt. Lust entsteht dabei keine und das Lustprinzip hat somit versagt.

Der Wiederholungszwang des Zombies

Es ist nun gerade der Wiederholungszwang, der Freud motivierte, das Lustprinzip zu relativieren, das bis anhin, in seinen Worten, «die Herrschaft über den Ablauf der Erregungsvorgänge im Seelenleben»[198] hatte. Denn wie er erkannte, kann das Lustprinzip (und auch das Realitätsprinzip) den Wiederholungszwang nicht mediatisieren – auch wenn es ihm eine Abfuhr zu ermöglichen versucht, bleibt die Unlust bestehen und er schreibt sich nachhaltig in der Psyche fest.

Wie lässt sich der Wiederholungszwang nun analytisch fassen? Freud differenziert verschiedene Arten von Ursachen für einen Widerholungszwang. Er entstehe etwa durch Kränkungen in der Kindheit oder traumatische Unfälle (wie etwa Kriegsverletzungen). Der Wiederholungszwang zwingt die Betroffenen, die Neurotiker*innen, «das Verdrängte als gegenwärtiges Erlebnis zu wiederholen, anstatt es [...] als ein Stück der Vergangenheit zu erinnern.»[199] Sie bewegten sich in einer Realität, die Freud als «Spiegelung einer vergessenen Vergangenheit»[200] charakterisiert. Um uns nun dem Wiederholungszwang des Zombies anzunähern, lässt die Arbeit die traumatisierten Unfälle beiseite und konzentriert sich auf die *systematischen* Ursachen, die in die *Kindheit* zurückführen und schaut, was sich für den Zombie davon abziehen lässt. Die Kränkungen in der Kindheit durch Liebesverlust und Ohnmachtserfahrungen (nicht das zu erreichen, was ich will, Misslingen der eigenen Vorhaben) erzeugen nach Freud eine «dauernde Beeinträchtigung des Selbstgefühls als narzisstische Narbe»[201]. Die Deprivationserfahrungen der versklavten Menschen auf Haiti, die erlittenen Freiheitsberaubungen und Misshandlungen sind genau solche Kränkungen, die in der imaginären Figur des Zombies angelegt sind und die die Figur in den verschiedenen Narrationen in Form von Gewaltakten gegen andere Menschen wiederholt. In einer Übertragung wird die erfahrene Ablehnung, die Gewalt und der totale Anerkennungsentzug wieder aktiviert und als Inversion repetitiv auslebt. Wie die damalige Erfahrung mit Unlust verbunden war, erzeugt auch die reaktivierte, wenn auch invertierte Erfahrung, Unlust. Wie ein neurotischer Mensch ist der Zombie von den Erinnerungen seiner «urzeitlichen Erlebnissen»[202] determiniert, die nicht gebunden seine Psyche derart dominieren, dass sie nicht einer sekundären Sublimierung zu zu führen sind. Die Figur ist sogar gänzlich von diesen ungebundenen Erregungen in Besitz genommen und kann seinem Zwang nichts mehr entgegenhalten.

Aber wie kommt Freud nun vom Wiederholungszwang zum Todestrieb? Er geht davon aus, dass dem Wiederholungszwang wiederum Triebe zu Grunde liegen, die eben jene Unlust erzeugenden Spannungen aus dem Unbewusstsein zum Vorschein bringen wollen. Das Lustprinzip überführt diese zwar behelfsmässig in repetitive Handlungen, die aber dadurch höchstens eine kompensatorische Bearbeitung finden und somit als ungebundene Spannung weiterbestehen. Durch die Repetition des Traumas in veränderter Form wird dieses also wiederum verdrängt und am wirklichen Hervorkommen gehindert – ein Reflex, der sich gut in die Logik des Lustprinzips integrieren lässt. Sein Ziel besteht ja in der Unlustvermeidung. Das Realitätsprinzip würde wohl dem Wiedererleben des Traumas gänzlich stattgeben, und die entstehende, schmerzhafte Unlust hinnehmen, im Vertrauen auf eine nachhaltige Besserung. Da in der Neurose das Realitätsprinzip aber nicht greift, weil die ungebundene, eruptive Kraft des Traumas zu stark ist, ist das Lustprinzip wirksam, was zum infantilen, ohnmächtigen Verhalten der Betroffenen führt – die vom Wiederholungszwang wie besessen, sich in einer endlosen Schlaufe der stetigen Wiederkehr und Verdrängung der Vergangenheit befinden.

Im Wiederholungszwang sieht Freud nun einen bisher nicht erkannten Aspekt der Triebe deutlich werden, der dem Lustprinzip der Eros-Theorie entgegenläuft, das er als ein konstruktives, progressives Moment charakterisierte. Der Drang, der sich im Wiederholungstrieb zeigt, ist aber das genaue Gegenteil. Daher revidiert Freud seinen Triebbegriff:

> «Ein Trieb wäre also ein dem belebten Organischen innewohnender Drang zur Wiederherstellung eines früheren Zustandes, welchen dies Belebte unter dem Einflusse äusserer Störungskräfte aufgeben musste, eine Art von organischer Elastizität, oder wenn man will, die Äusserung der Trägheit im organischen Leben.»[203]

Freud hebt damit die konservative Eigenschaft eines Triebes hervor, wobei bis hierhin noch unentschieden ist, ob es sich bei der Entdeckung um einen eigenen Trieb oder um ein den Trieben innewohnender Aspekt handelt. Den konservativen, auf einen früheren Zustand rekurrierenden Trieb versucht Freud mit verschiedenen Beispielen aus der Biologie zu plausibilisieren: Fische, die durch die Weltmeere zum Laichen wieder in ihren Geburtsfluss zurückkehren, Zugvögel mit ihren festen Brutplätzen, die embryonalen Entwicklungsschritte der Säugetiere – kurz er sieht in allem Organischen einen Wiederholungszwang wirksam, dessen eigentliches Ziel durch äussere Störungen irritiert wurde. Diese Störungen führten zwar jeweils zu komplexeren und weiter entwickelten Lebensformen, standen der eigentlichen Bestimmung aber im Wege. Freud entwickelt hier eine teleologische Idee, nach der die Bestimmung alles Organischen ist, wieder ins Anorganische zurückzukehren, und zwar durch das Sterben aus sich selbst heraus (kein Tod durch äussere Einwirkung, sondern durch *innere* Gründe).

> «Die konservativen organischen Triebe haben jede dieser aufgezwungenen Abänderungen des Lebenslaufes aufgenommen und zur Wiederholung aufbewahrt und müssen so den täuschenden Eindruck von Kräften machen, die nach Veränderung und Fortschritt streben, während sie bloss ein altes Ziel auf alten und neuen Wegen zu erreichen trachten. [...] Es muss [...] ein Ausgangszustand sein, den das Lebende einmal verlassen hat, und zu dem es über alle Umwege der Entwicklung zurückstrebt. Wenn wir es als ausnahmslose Erfahrung annehmen dürfen, dass alles Lebende aus inneren Gründen stirbt, ins Anorganische zurückkehrt, so können wir nur sagen: Das Ziel alles Lebens ist der Tod, und zurückgreifend: Das Leblose war früher da als das Lebende.»[204]

Mit dieser Konzeption des Todestriebs widerspricht Freud einer Vervollkommnungslehre, wie sie etwa bei Nietzsches Übermensch zu lesen ist. Etwas polemisch ausgedrückt: Der menschliche Organismus erlebt seine Erfüllung im natürlichen Tode, nicht in einer Art geistiger Progression, die ihn über sich selbst hinausführt. Den Zwang zur Vervollkommnung sieht Freud also nicht durch Triebe motiviert, die zielen ja in dieser Spekulation in die Gegenrichtung, sondern als Folge der Verdrängungsleistung. Da allen Trieben die Forderungen nach der Wiederholung primärer Befriedigungserlebnisse unverfüllt bleiben (aufgrund des Realitätsprinzips, der kognitiven Entwicklung, moralischer Grenzen, und nicht zu Letzt wegen der exzentrischen psychischen Struktur) und diese Forderungen sublimiert in der sekundären Ersatzbefriedigung nicht gänzlich aufgehen, bleiben sie bestehen, kehren wieder und richten sich im psychischen Apparat ein, als «treibendes Moment, welches bei keiner der hergestellten Situationen zu verharren gestattet, sondern nach des Dichters Worten ‚ungebändigt immer vorwärts dringt'»[205]. Freud integriert nun die Sexualtriebe, das Eros-Bestreben nach komplexen Verbindungen, in diesen Entwurf, indem er diese bei den verdrängten Momenten ansetzen lässt und sie für den Ersatz der Verdrängung arbeiten lässt. Somit wäre das Leben, das menschliche insbesondere, im Anschluss an diese Darlegung gefolgert, eine Folge der Verdrängung des Todes. Dieser Punkt wird uns bei der hegelschen Bewusstseinsentwicklung als eine Art theologische Spekulation wiederbegegnen.

Freud gesteht sich auf Grund dieser Überlegungen ein, den Todestrieb als Primat über die Sexualtriebe zu setzen. Das Lustprinzip steht somit in den Diensten der Todestriebe – es räumt ihnen quasi die spannungsreichen Hindernisse aus dem Weg, damit sie «ihre Arbeit unauffällig zu leisten»[206] vermögen. In einem Exkurs in die biologische Zellforschung, dessen Wiedergabe an dieser Stelle nicht zweckmässig erscheint, hält Freud aber trotzdem an einer dualistischen Sichtweise zum Triebleben fest, in der er die *Todestriebe* den *Ichtrieben* und die *Lebenstriebe* den *Sexualtrieben* zuordnete (der Plural weist hier auf Freuds Verständnis der Triebe als polymorphe Substanz). Wobei die Todestriebe regressiv und die Lebenstriebe assimilativ wirkten.

Das Dionysische als Analogie zum Todestrieb

Die an sich gegenläufigen Prinzipien, die im Widerstreit zueinander die Entwicklung eines Organismus' beeinflussen, erinnern an den von Nietzsche aus der griechischen Tragödie abgeleiteten Antagonismus zwischen den apollinischen und den dionysischen Kräften. Wobei erstere für das konstruktive, bildende, fantasievolle, schöpferische, aber auch illusorische Moment stehen und Letztere den Rausch, das Destruktive, das Erbarmungslose und die Kälte des lacanschen Realen verkörpern. Eine kleine Episode aus Nietzsches «Die Geburt der Tragödie» (1871) hilft nun, den Zombie in die freudsche Theorie des Todestriebs einzuführen und öffnet Möglichkeiten, diese in den Interpretationen Lacans und Žižek weiter zu verfolgen: Als König Midas den Silen, ein Wesen aus dem Gefolge des Dionysos, fragte, was für den Menschen das Beste und Höchste sei, antwortet ihm dieser unter schallendem Gelächter:

> «Elendes Eintagsgeschlecht, des Zufalls Kinder und der Mühsal, was zwingst du mich dir zu sagen, was nicht zu hören für dich das Erspriesslichste ist? Das Allerbeste ist für dich gänzlich unerreichbar: nicht geboren zu sein, nicht zu sein, nichts zu sein. Das Zweitbeste aber ist für dich – bald zu sterben.»[207]

Diese Stelle illustriert genau das Verhältnis der beiden Triebe zueinander. Während die libidinösen Triebe dieses Diktum *nicht hören wollen* und sich in der Fortpflanzung verwirklichen und auf ein möglichst langes Leben zielen, steht der Todestrieb in der engen Verwandtschaft zu Dionysos, der diese Konstruktion niederreissen und die Elemente einer universellen Ekstase zu führen will. Der Zombie, in seinem Streben, endlich in die ewige Ruhe einzukehren und in seinem Fluch, erst an allen Lebenden Rache zu nehmen, läuft narrativ auf einer dionysischen Linie. In einem vernichtenden Rausch bricht er in die apollinische, phantasmagorische Ordnung der Menschen ein und lässt sie zu seines Gleichen werden – ein rasender, chaotischer Zyklon mit einem leeren, negativen Auge in seiner Mitte.

Lacans Thanatos auf der symbolischen Ebene

Da nun der Zombie quasi als kulturelles Symbol auf den Todestrieb zu verweisen scheint und er sich wie der Todestrieb selbst in diesen Diskurs über das Sterben einfügt, liegt es nahe, auch diesen und mit ihm die anderen Triebe gar als symbolische Elemente eines Diskurses zu begreifen. Damit eröffnet sich eine poststrukturalistische Perspektive, die den Menschen in seiner Umwelt als sprachliches Wesen in einem symbolischen Netzwerk versteht. Jacques Lacan war neben Melanie Klein einer der wenigen psychoanalytischen Theoretiker, der am umstrittenen Todestrieb konzeptionell festhielt, ihn modifizierte und in seine Systematik integrierte[208]. Das antagonistische Verhältnis zwischen Lebens- und Todestrieb als zwei getrennte Kräfte versteht Lacan als in jedem einzelnen Trieb inhärente polare Oppositionen: «Die Unterscheidung zwischen Lebenstrieb und Todestrieb trifft insofern zu, als sie zwei Aspekte des Triebs aufzeigt.»[209] Der hauptsächliche Unterschied zu Freuds Konzeption besteht nun jedoch nicht in dieser Konsolidierung zu einem Trieb, sondern darin, dass Lacan den Todestrieb, wie auch andere Triebe als symbolhafte Entitäten verstand und sie aus dem biologischen Kontext löste und in den kulturellen *Kosmos* stellte. Somit ist der Todestrieb (wie auch die anderen Triebe) nicht ein rein biologisches, sich im Organischen manifestierendes Prinzip, sondern eine symbolisch gehaltvolle Erscheinung. In Lacans Worten:

> «Sie können jetzt [...] in dem Bild von der Rückkehr in den Zustand der Leblosigkeit, mit welcher Freud jeden lebenden Körper affiziert, jene Spanne jenseits des Lebens erkennen, die die Sprache dem Sein garantiert aus der Tatsache heraus, dass es spricht. Es ist die Spanne, in der dieses Sein nicht allein das in Signifikantenposition bringt, was an seinem Körper, weil es austauschbar ist, sich dazu anbietet, sondern gerade den Körper selbst. Damit ist klar, dass die Beziehung des Objekts zum Körper sich durchaus nicht als solche einer partiellen Identifikation definieren lässt, die darin totalisiert werden soll, sondern vielmehr ist dieses Objekt gerade der Prototyp der Signifikanz des Körpers als Einsatz des Seins.»[210]

Der Körper ist also gänzlich zu einem sprachlichen Signifikanten für das Leben und als solcher für das, was über es hinausweist, geworden. Damit erhalten der Todestrieb und auch der Körper als sprachliche Zeichen, als Begriffe Eingang auf eine Art *kulturelle, metaphysische* Ebene, die von der Biologie losgelöst ist. Damit befreit Lacan den Todestrieb resp. den Thanatos von seiner organischen Funktion und macht ihn in dieser Verortung im Symbolischen analytisch überhaupt erst zugänglich (wenn man Lacans Prämisse folgt, dass das Physische als Ding-an-sich gar nicht greifbar, sondern nur seine symbolische Seite wahrnehmbar ist). Aufgrund seines symbolischen Wesens ist der Trieb Träger von Bedeutungen, ist gewissermassen intelligibel, *jedoch ohne es zu wissen.* Nach Lacan sei der Trieb, wie bei Freud, ein Wissen,

> «das nicht die geringste Kenntnis mit sich führt, weil es nämlich eingeschrieben ist in einen Diskurs, dessen Subjekt – wie der Nachrichtensklave im antiken Brauch – unter seinem Haar das Kodizill mit seinem Todesurteil trägt und weder Sinn noch Text kennt, noch in welcher Sprache es geschrieben ist, noch schliesslich, dass man es auf seine blankgeschabte Haut tätowierte, als es schlief.»[211]

Somit wird hier schon deutlich, dass der Todestrieb jeweils nur in seiner symbolischen Ausformung zu dechiffrieren, ja überhaupt greifbar ist. Wobei er als Bedeutungsträger mit seiner Botschaft nicht an eine bereits freigehaltene Stelle in der syntaktischen Ordnung tritt, sondern diese Ordnung situativ neu mitbedingt, die sich um seinen kontingenten Bedeutungsgehalt bildet – der Todestrieb hat in seiner symbolischen Ausformung in der Wechselwirkung mit dem diskursiven Umfeld eine offene Denotation, seine Bedeutung wird erst im sprachlichen Umfeld determiniert und entfaltet. Wobei seine Botschaft, seine tendenzielle Funktion, nach Lacan, das Subjekt in Wiederholungen verwickelt und versucht, dieses via Lustprinzip in den Bereich eines Exzesses des Geniessens zu bringen, der uns vorher bei den Darlegungen zur Objektfixierung bereits begegnet ist. Der Zombie ist also vor dem Hintergrund des lacanschen Verständnis, eine Figur, die aufgrund ihrer kognitiven Beschränkung deutlicher und unvermittelter als andere den Todestrieb in ihre (symbolischen) Handlungen aufnehmen und somit ein offenkundiges Beispiel für die Destruktivität des Todestriebs liefern.

Der Theologe Ola Sigurdson unternimmt nun den Versuch, den Todestrieb, die Zombies und die hegelsche Negativität miteinander in Bezug zu setzen. Den freudschen Todestrieb interpretiert er als etwas, das die Subjekte als dämonische Kraft erfahren, die gegen ihre bewussten Wünsche arbeitet und sie zu destruktivem Verhalten verleiten würde.[212] Der Widerholungszwang, in dem sich der Todestrieb äussert, sei ein Epiphänomen der Versagten Bedeutungszuschreibung zum zugrundeliegenden Trauma. Er ist gewissermassen eine entfesselte, symbolisch nicht integrierte Kraft.

> «To eat the living seems to be their sole purpose, and this is a purpose they follow mindlessly, without any regard whatsoever to their own self-preservation. This is why zombies could and should be associated with the death drive beyond any conscious desire; they are the embodiment of an imbecile drive outside of any conscious plan or goal but also beyond any animal instinct for the preservation of the individual or the species.»[213]

Das Missverständnis, das Sigurdson hier aus einer lacanschen Perspektive unterläuft, ist die Annahme, der Zombie schlachte ohne Grund – seine Gewalt sei blosses Epiphänomen. Damit sistiert Sigurdson aber das signifizierte Trauma der Deprivation. Wenn wir dieser Passage Lancans Position bei Seite stellen, «[...] die Wiederkehr des Verdrängten und die Verdrängung [sind | mh] dasselbe »[214], wird klar, dass der Zombie als Wiederbringer einer Verdrängung, als jener Botschafter des Todes, der sich auf der symbolischen Ebene manifestiert, somit gar nicht anders kann, als Bedeutungsträger zu sein und als solcher destruktiv zu wirken. Wie wir bei Freud gesehen haben, erfährt das Verdrängte durch den Wiederholungszwang keine Bearbeitung. Das Trauma wird nicht erinnert, sondern in seiner Wiederaufführung am Leben erhalten. Es wird nach dessen Wiedereinbruch in die zwanghafte symbolische Ordnung einfügt, die sich unmittelbar und reflexhaft darum schliesst.

Die Ausformungen des Todestriebs, die der Zombie auf die Leinwand bringt, bleiben bei Sigurdson, wenn sie sich grundlos, als abgekoppelte Epiphänomene präsentieren, eine unfassbare, nicht intelligible, opake Kraft. Gerade deswegen können sie nicht gänzlich mit der hegelschen Negativität gleichgesetzt werden, die uns, stark verkürzt in Anlehnung an Kojève, bereits als «lechzendes Leeres»,[215] als nichtendes Nichts begegnet ist – als geistige Instanz, die weder ein Innen noch ein Aussen kennt, und weder eine bloss geistig-symbolische noch eine raumzeitlich-materielle Instanz ist: die reine, transparente universelle Vernunft, vielleicht. Das Negative ist nicht der Kategorie des Symbolischen zu zuordnen, obwohl seine Auswirkungen sich sehr wohl symbolisch niederschlagen. – Immerhin: der Zombie kann uns als Symbol an die Grenzen zu jenem Jenseits führen, aus dem er entsteigt.

Als untotes Wesen aus jenem dritten Raum zwischen Leben und Grab, zwischen animalischer Gier und fatalem Gerechtigkeitsdrang (der sich im Bedürfnis der brachialen Rache äussert), rückt der Zombie als Parabel in die Nähe von Slavoj Žižeks Versuch, den Todestrieb und die Hegelsche Dialektik zusammenzubringen. Žižek selbst macht dies aber nicht mit einem Rückgriff auf die popkulturelle Figur wie dies etwa Sigurdson versucht hatte. Daher soll der Zombie als Begleiter an dieser Stelle nun vorübergehend zurückgelassen werden.

Die Nacht der Welt und das nichtende Nichts

Wie bereits oben angekündigt, nähert sich nun die Untersuchung einer beinahe theologischen Spekulation der Moderne über die Entstehung des Subjekts. Schauen wir mit Žižeks Augen in Hegels «Nacht der Welt»[216], aus der der Mensch hervorgetreten ist und mit jener Erfahrung der Nacht im Rücken er sich eine (universelle) Vernunft, den *lógos* bildete. Die Nacht ist mit Žižek gesprochen, ein «präontologisches» Reich, aus dem heraus das *sich-selbst-zum-Objekt-gewordene* Sein geboren wird (nicht durch einen initialen Moment, sondern fortlaufend). Damit sei das Ich, oder das Subjekt, im Kern seines Wesens nicht etwa *lógos,* sondern eben jene «absolute Negativität, die ‚Nacht der Welt', der Punkt des schieren Wahnsinns, in dem phantasmagorische Erscheinungen von Partialobjekten ziellos umherstreifen.»[217]

Bei Hegel tönt diese Nacht, die Žižek als den totalen Wahn setzt, mit romantischem Anklang wie ein Grenzbereich zum Unbewussten, der weder überschritten werden kann noch durchschaubar ist:

> «Der Mensch ist diese Nacht, diß leere Nichts, das alles in ihrer Einfachheit enthält – ein Reichthum

unendlich vieler Vorstellungen, Bilder, deren keines ihm gerade einfällt –, oder die nicht als gegenwärtige sind. Diß die Nacht, das Innre der Natur, das hier existirt – reines Selbst, – in phantasmagorischen Vorstellungen ist es rings um Nacht, hier schießt dann ein blutig Kopf, – dort eine andere weisse Gestalt plötzlich hervor, und verschwinden ebenso – Diese Nacht erblickt man wenn man dem Menschen ins Auge blickt – in eine Nacht hinein, die furchtbar wird, – es hängt die Nacht der Welt hier einem entgegen.»[218]

Damit nun aber diese Nacht überhaupt beschaut werden kann, braucht es eine differenzierende geistige Instanz, die in dieser Passage bei Hegel nicht ausgearbeitet ist. Jemand, der diese Nacht und was aus ihr heraustritt erkennt. Was Žižek oben als absolute Negativität bezeichnete, muss also zu einer relativen Negativität werden: Ein Negatives, das weder mit diesen auftauchenden Partialobjekten noch mit der Nacht in einer Identitätsbeziehung, sondern in einer negierenden Beziehung steht. Diese Bewegung ist die entscheidende Geste, mit der sich das menschliche Sein von der natürlichen Lebenswelt ablöst, die Hegel als reines Selbst bezeichnete, und mit der es zu einem Erkenntnissubjekt mit einem intentionalen Bewusstsein wird. Ein Bewusstsein, das, sich selbst nicht ausgenommen, alles als Objekt zu setzen vermag und daher nie in eine Identitätsbeziehung mit sich selbst treten kann, die ausserhalb dieser nichtenden Wahrnehmungsbewegung liegt. Dementsprechend stellt Hegel an einer anderen Stelle, in der Vorrede der Phänomenologie des Geistes, dieser Nacht ein nichtendes Nichts gegenüber:

> «Die lebendige Substanz ist ferner das Sein, welches in Wahrheit Subjekt, oder was dasselbe heißt, welches in Wahrheit wirklich ist, nur insofern sie die Bewegung des sich selbst Setzens, oder die Vermittlung des sich anders Werdens mit sich selbst ist. Sie ist als Subjekt die reine einfache Negativität, ebendadurch die Entzweiung des Einfachen, oder die entgegensetzende Verdopplung, welche wieder die Negation dieser gleichgültigen Verschiedenheit und ihres Gegensatzes ist; nur diese sich wiederherstellende Gleichheit oder die Reflexion im Anderssein in sich selbst – nicht eine ursprüngliche Einheit als solche, oder unmittelbare als solche, ist das Wahre.»[219]

Diese Bewegung, dieses Ablösen von einer wie auch immer gearteten Realität, dieses sich in ein negatives Selbstverhältnis setzen, beschreibt Žižek wiederum als Akt des Wahnsinns, durch den das Subjekt sich in die (nicht weniger wahnsinnige, jedoch logisch-rationale) Normalität kämpft.

> «Dem Rückzug-ins-Selbst, dem Durchtrennen der Verbindungen zu den Umwelten, folgt die Konstruktion eines symbolischen Universums, die das Subjekt auf die Realität als eine Art Substitutsformation projiziert, die dazu bestimmt ist, uns für den Verlust des unmittelbaren, präsymbolischen Realen zu entschädigen.»[220]

Damit wird der nächtliche Wahn zusammen mit der Geste des Zurückweichens für Žižek eine ontologische Notwendigkeit der Subjektivität. Womit er die Normalität im Wahnsinn ansiedelt, der bei ihm zu einer unleugbaren und elementaren Selbsterfahrung des Subjekts wird.[221] Der vermeintliche Ausgang aus dem Wahnsinn vollzieht sich bei Žižek aber nicht sprunghaft von der animalischen Natur in die kulturelle Dimension, sondern über einen Vermittler, an dessen Stelle Žižek den Todestrieb setzt:

> «Dieses Zwischen ist nicht der Funke des lógos, der auf magische Weise auf den Homo sapiens übertragen wird und der es ihm ermöglicht, seine supplementären, virtuellen symbolischen Umgebungen herzustellen, sondern etwas, das, obgleich es nicht länger Natur, auch noch nicht lógos ist und durch den lógos ‚verdrängt' werden muss – bei Freud heisst dieses Zwischen selbstverständlich Todestrieb.»[222]

Um Žižeks Gedanke zu präzisieren: Der Vermittler, der einfach gesagt, die Geste des Sich-in-sich-selbst-Zurückziehens aus der Natur in die Kultur initiiert ist also nicht der Todestrieb selbst, sondern der Reflex der Verdrängung. Der Tod selbst wird verdrängt und damit dämmert die Nacht und aus ihr hinaus weist das Licht des *lógos.* Es öffnet sich ein relationaler Bewusstseinsraum, als würden zwei Spiegel sich voneinander ablösen und sich in einen unendlichen Schacht reflektieren – das Subjekt nimmt wahr, wie es sich selbst wahrnimmt.

Doch wohin zeigt der Todestrieb nun, wenn er nicht verdrängt wird? Verweist er, wie Žižek in Anlehnung an Lacan und Freud erwägt, im selben Sinne wie das Wort *unheimlich* auf eine Dimension des Untoten, auf eine trieberfüllte Unsterblichkeit, die jenseits des Lebens fortbesteht und den individuellen Tod überdauert? Damit wird wiederum jene phantasmagorische Nacht evoziert, in der Sigurdson oben den Zombie bereits situierte, dessen dämonische, seinen Tod überlebende Triebkraft zum Movens seiner Wiederauferstehung wird. Eine chaotische Sphäre des Wahnsinns, die entsteht, wenn sich die Gräber öffnen und Zombies wüten. Wenn dies mit dem Todestrieb gemeint ist, dann wäre der Zombie gewissermassen die Hauptfigur dieser organisch-orgiastischen Sphäre des Exzesses. Es wäre aber verfrüht, die Exploration des Negativen und des Todestriebes hier in diesem Grenzbereich stehen zu lassen. Denn schon die Allegorie des Dionysischen weist über diesen exzessiven Bereich des Lebens, weist über die Unsterblichkeit hinaus. Folgen wir daher dem nichtenden Begehren, dieser kalten Bewegung des Erkennens und Negierens, die uns zum hegelschen Freiheitsbegriff führt, der natürlich nichts anderes sein kann, als die totale Negativität und somit die «totale Freyheit»:

> «Das einzige Werk und That der allgemeinen Freyheit ist daher der Tod, und zwar ein Tod, der keinen innern Umfang und Erfüllung hat, denn was negirt wird, ist der unerfüllte Punkt des absolutfreyen Selbsts; er ist also der kälteste, platteste Tod, ohne mehr Bedeutung, als das Durchhauen eines Kohlhaupts oder ein Schluck Wasser.»[223]

Der *unerfüllte Punkt des Selbst* ist also das absolute Nichts, das sich durch die totale Negation öffnet oder *schliesst.* Und es ist genau dieser Moment, der Žižek den Todestrieb und die Negativität zusammendenken lässt. Der Todestrieb ist also nicht etwa als Sog in die hegelsche Nacht des Unergründlichen oder in den reinen *lógos* zu verstehen, sondern als ein Sog, der zur *absoluten* Freiheit im Weder-Noch drängt, wie sie Hegel beschreibt. Ein solches im Zen-Buddhismus genanntes Satori oder ein Nirwana-Erlebnis, wobei der Begriff des Erlebnisses hier zu kurz greift, stellt sich ein, wenn die negierende Instanz auf dem Grund der Nacht sich selbst erkennt und negiert. Eine Auflösung, die Tod und Leben als geistige Entitäten gleichermassen durchdringt und radikal aufhebt.

> «Der Todestrieb bezieht sich nicht auf die Endlichkeit unserer kontingenten zeitlichen Existenz, sondern kennzeichnet die Bemühung, der Dimension zu entkommen, die die traditionelle Metaphysik als Unsterblichkeit, als unzerstörbares Leben jenseits unseres Todes beschrieb.»[224]

Bei Žižeks Konzeption des Todestriebs geht es also nicht mehr darum, wie bei Freud das Organische ins Anorganische zu bewegen, sondern um einen bis zum letzten Moment geistigen Prozess der totalen Selbsterkenntnis. Ein Erkennen, das gewissermassen durch die Materie hindurch sich selbst als reines Bewusstsein erkennt, als reine Negation, als den unerfüllten Punkt des Selbst, der weder materiell noch geistig sein kann.

Ein solcher Todestrieb, der zu diesem «absolutfreyen Selbst» hindrängt, vermag nach Žižek Akte zu initiieren, auf die ein kurzes Streiflicht geworfen werden sollte, wollen wir sein Wirken von einer dumpfen Zerstörungswut, dem animalischen Exzess der Zombies weiter abgrenzen. In einem durch den Todestrieb motivierten Akt, der passiv eintritt und nicht aus *bewusstem Willen* des Subjekts erwirkt werden kann, wird das Phantasma der Subjekte und deren symbolisch-diskursive Ordnung in katastrophaler Weise durchquert, wobei Žižek die ethischen Qualitäten, die (retrospektiv) einem solchen Akt beigeordnet werden, betont. Er spricht hier von heroischen, selbstlosen Handlungen, deren Quelle ja immerhin die *absolute Freyheit* ist, die nach einer idealistischen Auffassung über dem transzendentalen *Reich des Noumenalen* angesiedelt sei. Im Moment dieses Aktes fallen gemäss Žižek die noumenale und die phänomenale Dimension zusammen, was die Subjekte veranlasst, den Akt als etwas Zufälliges zu empfinden. Als etwas, das ihnen widerfährt, als eine Handlung, mit der sie nicht auf der Höhe waren.

Žižek holt so den Todestrieb, der bei Lacan in der symbolischen Dimension verortet war, mit Hegel ein gutes Stück weit zurück in den Bereich des Phänomenalen: Als Sog der Negation (nicht als Drang), als intelligiblen Durst, der nicht vor dem animalisch-natürlichen Bereich halt macht, sondern, diesen unbewussten Schacht wieder mit dem Teil des Subjekts zusammenführen möchte, der vor sich selbst zurückgewichen ist (und dadurch erst jenen Schacht geschaffen hat). Mit dieser theologischen Spekulation zur Entstehung und zum Wesen des Seins schliesst sich auch der Bogen zum freudschen Doppelgänger, den wir aus Angst vor dem Tod erfinden (oder aus einer *kosmischen* Unlustspannung), und der durch das Zurückschrecken vor dem Nichts entsteht. Der Doppelgänger ist wie das Bild des Wesens, mit dem wir uns identifizieren, wenn wir vor dem Spiegel stehen.

Das Zombie-Argument gegen den Materialismus

Der Vergleich von Negativem und Todestrieb birgt offensichtlich begrifflich-kategoriale und nicht zuletzt epistemologische Schwierigkeiten, die wohl auch mit einer fundierten Wahrnehmungstheorie nicht gänzlich gelöst werden können: Wie tritt der Todestrieb genau ins (Un-) Bewusstsein, ist er ontologisch fassbar? Wie ist das Verhältnis zwischen Realität und Bewusstsein beschaffen? Wie kommt es, dass wir überhaupt Bewusstsein haben? Das sind philosophische Fragen, auf die die Auseinandersetzung mit dem Zombie hindrängt und die mit der Annahme unterschiedlicher Prämissen zu unterschiedlichen Ergebnissen führen, wie die folgende Darlegung aufzeigen wird. Für die Kulturwissenschaft mag der Zombie als narrative Figur ein dankbares Objekt sein, da er per se immer schon symbolisch ist, durch seine imaginäre Gestalt auf die verschiedenen Rätsel zu verweisen vermag und als Denkfigur in die Problemstellungen eingesetzt werden kann. Doch trotz seiner Zeichenhaftigkeit und den logischen Widersprüchen: Wäre es nicht ein verlockendes Wagnis, aus kulturwissenschaftlicher Perspektive nach seinem realen Signifikat zu suchen, nach so etwas wie der *Eigentlichkeit des Todestriebs* oder der *Eigentlichkeit der Negativität?* Etwas das sich anfühlen lässt und sich nicht bloss nach etwas anzufühlen scheint. Wenn die Annahme aus der Auseinandersetzung mit Lacan nahe liegt, dass Signifikanten nur auf Signifikanten verweisen und somit über so etwas wie *reale* Signifikate gezweifelt werden darf[225], erschüttert sich in diesem Sinne dennoch kurz der Boden der Gewissheit, wenn der Zombie seinem Grab entsteigt (halt auch wieder bloss auf metaphorischer Ebene) – will heissen, dass er für den Einbruch des *Realen* stehen mag, für diesen Moment des Zögerns, in dem die symbolische Ordnung noch nicht aufgeboten wurde, um den Schauer zu integrieren. Als Wiedergänger führt der Zombie jenen traumatischen Einbruch immer wieder auf. Er ist die unbeherrschbare Katastrophe aus einer anderen, jenseitigen Welt, die den Menschen in Angst und Schrecken versetzt und ihn veranlasst, symbolisch-imaginäre Bretterverschläge zu errichten.

Die Qualia-Frage

Der Zombie wandelt so als Untoter gewissermassen auf der Nahtstelle einer dualistischen Wirklichkeitsauffassung, wie sie bei Lacan anzutreffen ist. In der Philosophie des Geistes wird der Zombie gar zur argumentativen Figur im Diskurs zwischen funktionalistischen, materialistischen und idealistischen Positionen. Mit dem Zombie steht die grundlegende Frage, ob der Mensch Qualia, qualitative Bewusstseinsinhalte, besitzt oder ob seine mentalen Zustände bloss funktionalen Gehalt haben, zur Diskussion. Nachfolgend werden die Positionen zum Zombie-Argument vorgestellt, ohne im Detail die weitführenden Argumentationslinien in ihrer Aktualität darstellen zu können und auch nicht mit der Absicht, einen Beitrag zu dieser Diskussion liefern zu wollen. Es geht in diesem Vorhaben vor allem um die Frage, welche epistemologischen und methodologischen Konsequenzen sich aus der unentschiedenen philosophischen Diskussion für die Kulturwissenschaft ergeben und inwiefern mit dem lacanschen Modell des Symbolischen, Imaginären und Realen, trotz der philosophischen Diskrepanzen, ein adäquates analytisches Instrumentarium bereitsteht, um kulturelle Phänomene wie den Zombie wissenschaftlich zu bearbeiten.

Erinnern wir uns an die protoethnographische Erzählung William Seabrooks, den der Anblick vermeintlicher Zombies an leblose Automaten erinnerte, an einen Laborhund, dessen Hirn teilweise entfernt wurde. Seabrook hatte bei der Begegnung mit den Feldarbeiter*innen in Haiti den Eindruck, in *vakante* Gesichter zu blicken, hinter denen *nichts* zu sein schien.[226] Diese Beschreibung kommt nun der Definition philosophischer Zombies sehr nahe, wie sie etwa bei Josh Weisberg angeführt wird (der letztlich einen funktionalen Materialismus[227] verteidigt).

> «Philosophical zombies are creatures physically identical to humans lacking ‚phenomenal consciousness', consciousness marked by ‚qualia', the intrinsic qualities of experience. [...] There is nothing it is like to be a philosophical zombie *for* the zombie. All is dark inside. The mere possibility of these creatures stalking the metaphysical landscape may be enough to refute materialism, the claim that everything, conscious experience included, is ultimately physical in nature.»[228]

Um was geht es genau im Zombie-Argument? Wenn der Materialismus stimmt, muss er in der Lage sein, so etwas wie das phänomenale Bewusstsein des Menschen erklären zu können. Wie Weisberg festhält, ist unter dem Begriff des phänomenalen Bewusstseins ein qualitativer Wahrnehmungsgehalt, wie etwa der eines Sinneseindrucks zu verstehen. Einen solchen Sinneseindruck verarbeitet der Mensch aus dualistischer Sicht nicht nur als funktionalen Impuls, sondern erlebt ihn als qualitativ gehaltvoll – und zwar durch einen privilegierten Zugang der ersten Person: Nur ich, das Subjekt weiss, was es gerade erlebt und wie es sich anfühlt. Dieses Bewusstsein ist eine Instanz, die aus einer materialistischen, reduktionistischen Perspektive nicht oder nur einseitig erklärt werden kann. Der Physikalismus vermag also bloss Strukturen und Funktionen erklären, die zu Bewusstsein führen. Zwar lässt sich neurologisch erklären, welche Hirnareale aktiv sind, wenn wir träumen oder wenn wir Angst haben und welche chemischen Prozesse in diesen Arealen gerade ablaufen, doch wie sie sich anfühlen, was der qualitative *Inhalt* dieser Reaktionen ist und warum wir sie erleben, bleibt physikalisch unerklärbar. Um diese Unerklärbarkeit zu beweisen und den Materialismus zurückzuweisen, führen die dualistischen und/oder idealistischen Vertreter*innen wie etwa der Philosoph David Chalmers folgendes Zombie-Argument an:

> «(1) It is conceivable that there be zombies
> (2) If it is conceivable that there be zombies, it is metaphysically possible that there be zombies.
> (3) If it is metaphysically possible that there be zombies, then consciousness is non-physical.
>
> ---
>
> (4) Consciousness is nonphysical.»[229]

Die Konklusion aus Chalmers Argument ist nicht nur, dass das Bewusstsein eine nichtphysikalische Entität ist, sondern auch, dass der Materialismus falsch ist. Denn der Physikalismus (hier mit Materialismus gleichgesetzt) postuliert, dass alles im Universum auf physikalische Prozesse zurückzuführen ist und dass es nichts ausserhalb des Physikalischen geben kann. Chalmers situiert nun den Zombie in ein mögliches (Parallel-) Universum, das nach rein physikalischen Prinzipien funktioniert und genau so aufgebaut ist, wie unseres. Wenn nun dieses Universum aus exakt der gleichen physikalischen Materie besteht, die in einer, wenn auch riesigen, chaotischen, aber dennoch geschlossenen Kausalkette zirkuliert, müsste es nach physikalistischer Auffassung vorstellbar sein, dass dort mit uns identische Wesen, eben Zombies, existierten, die im Unterschied zu uns jedoch rein funktional, ohne phänomenales Bewusstsein agierten. Diese Zombies wären durch die kausale physikalische Natur determinierte Automaten, die sogar dieselben Hirnaktivitäten wie wir besässen und sich gleich wie wir verhielten, es sich jedoch in keiner spezifischen Weise für sie nach etwas anfühlte, ein Zombie zu sein. Weil Zombies nun vorstellbar sind – die Logik des Physikalismus evoziert die Möglichkeit solcher Wesen ja gerade – ist der Materialismus falsch. Denn wir besitzen nach Chalmers ein physikalisch nicht reduzierbares subjektives Bewusstsein.

> «Human beings have subjective experience: there is something it is like to be them. We can say that a being is conscious in this sense – or is phenomenally conscious, as it is sometimes put – when there is something it is like to be that being. A mental state is conscious when there is something it is like to be in that state. Conscious states include states of perceptual experience, bodily sensation, mental imagery, emotional experience, occurrent thought, and more. There is something it is like to see a vivid green, to feel a sharp pain, to visualize the Eiffel Tower, to feel a deep regret, and to think that one is late. Each of these states has a phenomenal character, with phenomenal properties (or qualia) characterizing what it is like to be in the state.»[230]

Vom easy problem zum hard problem zum meta-problem

Chalmers bestreitet aber etwa nicht, dass Bewusstsein nicht aus physikalischen Prozessen hervorgeht und nicht physikalisch erklärbar sei. Er bestreitet bloss, dass der Erlebnisgehalt des Bewusstseins, das *wie fühlt sich Y für X an,* physikalisch zu erklären ist. Während Farbwahrnehmung, Verhalten, kognitive Funktionen wie Lernen, Erinnern und Verbalisieren alle nach Chalmers rein physikalistisch, weil funktional und *computational,* zu erklären seien, und somit als «easy problems» gelten[231], bleibt das «hard problem» für den Physikalismus ungelöst:

> «But how and why do physical processes give rise to experience? Why do not these processes take place 'in the dark', without any accompanying states of experience? This is the central mystery of consciousness.»[232]

Auch David Chalmers hat keine Lösung für das *hard problem.* Er plädiert aber dafür, dass dualistische Positionen wie etwa der philosophische Interaktionismus (phänomenale Eigenschaften interagieren in Wechselwirkung mit der physischen Welt), der Epiphänomenalismus (phänomenale Eigenschaften supervenieren aus der physikalischen Welt und wirken nicht auf diese zurück) und der russellsche, gewissermassen protopsychistische Monismus (dem Physischen liegen phänomenale Eigenschafen zu Grunde) nicht vorschnell als unwissenschaftlich ausgemustert werden sollten. In der Elimination dieser Positionen sieht Chalmers zurecht sowohl die Legitimität des *hard problems* in Frage gestellt, als auch das Bewusstsein an sich als philosophisch und wissenschaftlich relevante Instanz gefährdet, das durch materialistische Ansätze deutlich negiert und als Illusion bezeichnet wird. Chalmers selbst sympathisiert daher mit den drei idealistischen Ansichten, allen voran mit der des Protopsychismus und fordert, dass das Bewusstsein wie etwa Masse, Raum und Zeit als weitere nichtreduzierbare Grösse behandelt wird.

> «Of course all of the views [...] need to be developed in much more detail, and examined in light of all relevant scientific and philosophical developments, in order to be comprehensively assessed. But as things stand, I think that we have good reason to suppose that consciousness has a fundamental place in nature.»[233]

Um das *hard problem* für verschiedene wissenschaftliche Disziplinen zu öffnen und um auf der Bewusstseins-Frage zu insistieren, hat Chalmers das sogenannte «Meta-Problem of Consciousness» formuliert[234]. In seinen Begriffen ist das zwar ein *easy problem,* jedoch eines, durch das er sich erhofft, dass sich entweder das *hard problem* gänzlich als obsolet erweist, oder zumindest mögliche Lösungen weiter einschränkt. Das Meta-Problem ist die Frage danach, warum wir *denken,* dass das Bewusstsein schwer zu erklären ist, warum wir *denken,* dass es uns vor ein *schweres* Problem stellt. Nach Chalmers könnten auch Zombies sich diese Frage stellen, da sie nicht voraussetzt, je phänomenales Bewusstsein erfahren zu haben. Die Frage kann durch rein behavioristische und durch kognitive Prozesse aufgeworfen werden. Das heisst, wenn jemand alles über das menschliche Bewusstsein wüsste, etwa aus Literatur und Erzählungen, könnte er sich diese Frage stellen.

> «The meta-problem opens up a large and exciting empirical and philosophical research programme. The question of what mechanisms bring about our problem reports is in principle an empirical one. We can bring philosophical methods to bear on assessing solutions but, as with the other 'easy problems', the methods of psychology, neuroscience, and other cognitive sciences will play a crucial role.»[235]

Als zentrales Datum zur Bearbeitung des «Meta-Problems» sieht Chalmers vor, sogenannte *problem reports* zu untersuchen. Darunter sind sprachliche Äusserungen zu verstehen, die sich in irgendeiner Weise auf bewusste Erfahrungen beziehen. Diese *problem reports* könnten interdisziplinär genutzt werden. Chalmers sieht hier Möglichkeiten für die experimentelle Philosophie, die Psychologie, die Linguistik und die Anthropologie diese subjektiven Urteile über Bewusstsein zu analysieren. Auch die Neuro-Forschung oder die Informatik könnten sich daran beteiligen, die Prozesse hinter diesen phänomenalen Urteilen zu klären versuchen und Modelle künstlicher Intelligenz zu entwerfen, die solche *problem reports* erzeugten.[236] So vielversprechend Chalmers Vorhaben tönt und so intuitiv schlüssig seine Darlegungen zum *hard problem* auch sein mögen, unbestritten ist seine Position in der Philosophie nicht und in den Naturwissenschaften stösst sein irreduzibler Ansatz auf vehemente Kritik.

Gegenposition: Strenger Illusionismus

Von materialistischer Seite her gibt es verschiedene Versuche, das Zombie-Argument zu entkräften und das Bewusstsein wie auch Qualia gar als Illusionen zurückzuweisen.[237] Einer der entschiedensten Gegner des Zombie-Arguments und überzeugter *hard illusionist* ist der Philosoph Daniel Dennett. Mit seiner eliminativen materialistischen Position widerspricht er Chalmers und anderen Bewusstseinsphilosoph*innen grundlegend. Nach Dennett sässen diese Philosoph*innen, wie auch die Alltagspsychologie im Allgemeinen, einem Fehlschluss auf. Ähnlich wie die Zuschauer den produzierten Illusionen eines Bühnenzauberers erlägen, käme auch der Glaube zu Stande, dass das phänomenale Bewusstsein eine unerklärliche, nichtreduzierbare Instanz sei. In Wahrheit sähen die Zuschauer*innen eine Reihe von Tricks, die sie dann als etwas verstünden, das es so nicht gibt. Und selbst die Zuschauer*innen dieses cartesianischen Theaters, also die beobachtende Instanz, seien nichts als eine Illusion.

> «Chalmers is just so sure in his heart that there is something supercalifragilisticexpialidocious about consciousness that he resists the conclusion, borne in on us by science, that we are robots made of robots made of robots... who manage, in concert, to create a user illusion of a Conscious Person, a single, unified agent, a self as a centre of narrative gravity.»[238]

Dennett ist zuversichtlich, dass sich dieser Irrglaube, der einer Mystifizierung des Bewusstseins gleichkommt, ähnlich wie die Annahme, dass sich die Sonne um die Erde drehe, innerhalb des 21. Jahrhunderts zugunsten einer funktionalistischen Erklärung auflösen würde[239], nach der das Bewusstsein nichts als ein komplexer Prozess verschiedener unbewusster Instanzen ist. Er kritisiert, dass die Bewusstseinsphilosophen ihre Argumente auf ihren blossen Intuitionen und ihren Überzeugungen bauen und nicht eine solide Untersuchungsmethode verfolgten.

> «Imagine Chalmers' declaration that phenomenal consciousness is a datum, transposed into the claim that a lady-sawn-in-half is a datum, or the claim that we are directly acquainted with the real presence of a lady-sawn-in-half. You may think you're directly acquainted with this, but that's a fact of personal psychology, at best an unshakable intuition, not a datum. You could be wrong, and until we have canvassed the alternatives, we should put your intuition on the back burner, not honour it. [240]

Die Debatte wird sichtlich in rhetorisch scharfem Ton geführt. Aber wie widerlegt nun Dennett das Zombie-Argument? In dem er bereits die erste Prämisse (*It is conceivable that there be zombies)* zurückweist. Es ist für Dennett nicht widerspruchsfrei vorstellbar, dass Zombies, so wie sie die Vertreter des Arguments konzipieren, denkbar sind. Denn Zombies verfügten, wären sie unsere physikalisch identischen Zwillinge als die sie von den Vertretern des Arguments vorgestellt werden, nach Dennett über vermeintlich genauso viel Bewusstsein wie wir.

> «If, ex hypothesi, zombies are behaviourally indistinguishable from us normal folk, then they are really behaviourally indistinguishable! They say just what we say, they understand what they say (or, not to beg any questions, they understandz what they say), they believez what we believe, right down to having beliefsz that perfectly mirror all our beliefs about inverted spectra, 'qualia' and every other possible topic of human reflection and conversation.»[241]

Dennett macht auch keinen Halt vor der Schlussfolgerung, dass wir Zombies seien, genau in dem von den Vertretern des Z-Arguments intendierten Sinne. Das Bewusstsein sei nicht eine spezielle, besonderes wunderbare Instanz («experiential sensitivity»), sondern entstehe aufgrund einer Vielzahl von Gründen aus einem riesen Komplex voller informativen Elementen.[242] Damit lehnt er die Vorstellung von Events mit qualitativen Erfahrungsgehalten ab und skizziert eine Wahrnehmungstheorie, die ohne Qualia auskommt, respektive diese als inhaltsleere Events versteht, die aus bloss informativen Eigenschaften bestehen. Dabei verwirft er den Begriff Qualia als unbrauchbar, da er selbst seitens seiner Vertreter nicht konsensuell gebraucht werde und nicht abschliessend klar sei, was damit bezeichnet würde. So bestünde etwa eine epistemologische Uneinigkeit darüber, ob nun das, was als Bewusstseinsinhalt gelten soll, etwa das Gefühl von Ekel, eine Reaktion auf eine Quale sei oder die Quale selbst[243].

Dennett legt in seiner wahrnehmungstheoretischen Abhandlung ein besonderes Gewicht auf das Verständnis von Repräsentationen, auf die Funktionen, die sie auf subpersonaler Ebene einnehmen und auf ihr Verhältnis zum Repräsentierten. Genau wie gewisse Repräsentationen für die Hand-Augen-Koordination oder für die Identifizierung von Objekten funktionieren würden, so sei auch die Bewusstseinserfahrung («conscious experience») repräsentativ angelegt. Und durch diesen repräsentativen Charakter öffnet sich nun auch die Möglichkeit der Täuschung. Dennett folgert mit Keith Frankish, dass die Illusion der Bewusstseinserfahrung aus «representational states» entsteht, in denen die Eigenschaften eines Stimulus eingeschrieben sind. Wird diese Vorstellung nun weitergeführt, dann würde es sich für das Bewusstsein an sich ebenso verhalten – es wäre eine blosse Repräsentation. Dann wäre quasi eine Repräsentation nötig, um eine Repräsentation wahrnehmen zu können. Dennetts Illusionismus läuft aber nicht in einen solchen Zirkelschluss. Er negiert eine Instanz der reinen Beobachtung. Bewusstsein erzeugt sich stets über einzelne repräsentierte Events, ist gewissermassen in vermeintlich phänomenale, bloss informativ-funktionale Bruchstücke fragmentiert und nicht als einen allgegenwärtigen wahrnehmenden Akteur zu verstehen (die erste Person), der im cartesianischen Theater der Erscheinungen sässe [244]. Da die Repräsentationen nie die eigentlichen Vorgänge, sondern immer nur ihren, für die relevanten Funktionen, informativen Gehalt ins «Bewusstsein» spielen, sind die Repräsentationen auch nie die Wahrheit, sondern eben eine funktionale (oder disfunktionale) Illusion. Dennett demonstriert diesen Täuschungseffekt an einem einfachen Beispiel[245]: Würde man sich einen roten horizontalen Streifen vorstellen, etwa als Nachbild einer US-Flagge, die einem in Komplementärfarben gezeigt wurde, dann hätte man weder einen roten Streifen draussen in der Welt, noch auf der Retina, noch in seinem Kopf. In diesem Fall hätte man bloss eine Repräsentation eines roten Streifens im Cortex und der Status der Repräsentation sei die Quelle der subjektiven Überzeugung, man hätte die bewusste Empfindung eines roten Streifens. In Wirklichkeit existiert kein roter Streifen und somit kann er auch nicht die Quelle der subjektiven Überzeugung sein. Die subjektive Überzeugung rührt aus dem intentionalen Objekt her, der blossen Repräsentation, die auf keine äussere Quelle verweist. Daraus schliesst Dennett, dass sich bewusste Erfahrungen stets als Illusionen entlarven lassen können:

> «The whole point of perception and belief fixation is to accomplish this tight coalescence of causes and intentional objects. But sometimes things go awry. Suppose a gang of hoaxers manage to convince you, by a series of close encounters, that there is

> a space alien named Zom who visits you briefly, speaks to you on the phone, etc. The causes of your various Zom experiences can be as varied as can be, so that nothing at all in the world deserves to be identified as Zom, the intentional object of your beliefs. What are intentional objects 'made of'? They're not made of anything. When their causes don't coalesce with them, they are fictions of a sort, or illusions.»[246]

Die Ansätze zum *hard problem* scheinen wie unterschiedliche Versuche, sich gegenseitig in einer unterschiedlichen Sprache ein Vexierbild zu erklären. Einmal ist da qualitatives Bewusstsein, ein andermal bloss ein Bündel komplexer physikalischer Funktionen – je nach Perspektive, mit der auf das Bild geschaut wird. Weder die eine, noch die andere Position kann das Bild in der Ganzheit erklären. Doch Versuche einer Synthese werden auch seitens der eliminativen Materialisten nicht abgelehnt. So können es sich Dennett wie Chalmers vorstellen, phänomenologische Beobachtungen aus der ersten Person zu nutzen (bei Chalmers die *problem reports)*, um Phänomenologie in ihrem ursprünglichen Sinn zu betreiben, einer husserlschen reflexiven Anschauung des Wesens («doing phenomenology in its original sense» - Dennett[247]). Aus der Perspektive der ersten Person heraus tönt ein solches Vorhaben nach dem Versuch einer Aporie, aus der Illusion heraus die Täuschungen über den eigenen Zustand zu dekonstruieren, beinahe nach einem, wie im vorangehenden Kapiteln beschriebenen, Akt der Negation.

Qualia als Zombies der Psyche

Aus kulturanthropologischer Sicht muss in Bezug auf Dennetts Position gefragt werden, was für den Menschen gewonnen ist, wenn er sich in Wirklichkeit als nichtsinnliches, nichtbewusstes Wesen weiss, aber in der Relativität seiner Existenz nicht anders kann, als etwas zu empfinden? Für ihn ändert sich *qualitativ* nichts, solange er nicht ergründen will (durch Introspektion?), wie es sich mit seinen Qualia verhält. Wie kommen die zustande? Sind sie autonom? Interessant wird es aus kulturanthropologischer Sicht, den wahrnehmungstheoretischen Repräsentationsansatz Dennetts weiter zu denken. Eine skeptizistische Folgerung wäre ja, dass wir nichts anderes als Repräsentationen verarbeitende, symbolische Organ-Automaten sind. Die Repräsentationen sind von der physischen Aussenwelt abgelöst, insofern, dass sie epistemologisch stets bloss als Abbild und somit bloss informativ nicht qualitativ wahrgenommen werden können. Wenn diese Repräsentationen nun nie gänzlich das Repräsentierte erfassen, und wir unser Selbstbild wie auch die soziale Wirklichkeit bloss durch relative Urteile strukturieren, impliziert dies nicht nur für die Kulturwissenschaft, sich kritisch mit den Symbolisierungen, Metaphern und anderen sprachlichen Äusserungen und körperlichen Darstellungsformen auseinander zusetzen – mit einer vorläufigen Gewissheit, keine Eigentlichkeiten sondern ein Netz von ambivalenten Bedeutungen und unklaren Referenzen als Forschungsgegenstand vor sich zu haben.

Von hier aus ist auch bloss noch ein kleiner Schritt, Dennetts Position, die natürlich nicht nur von eliminativen Materialisten, sondern durchaus auch von dualistischen Bewusstseinsphilosoph*innen geteilt wird (jedoch nur im Rahmen des *easy problems*[248]) mit der lacanschen Triade vom Symbolischen, Realen und Imaginären zu verknüpfen. Auch bei Lacan begegnen wir einer funktionalen, symbolischen Ordnung, die sich zwischen Realem und Imaginären instanziiert hat. Und auch Lacan könnte als (weicher) Illusionist bezeichnet werden, jedoch mit anderen Vorzeichen als Dennett mit seinem eliminativen Materialismus. Lacan geht von davon aus, dass die Ratio als letztinstanzliche Grösse das Illusionäre zu durchschauen vermag.

Dass Bewusstseinsinhalte Illusionen sein können, ist ja bereits eine alte Idee, die spätestens mit Descartes, im abendländischen philosophischen Diskurs einen festen Platz gefunden hat. Bei Lacan gehören die täuschenden Bewusstseinsinhalte der Ordnung des Imaginären an. Diese Imaginationen suggerieren dem Individuum Ähnlichkeiten (etwa mit dem Spiegelbild oder einem Selbstgefühl), die es dazu veranlassen, sich mit ihnen zu identifizieren. Somit wird das Ich und das Imaginäre zum «Ort einer radikalen Entfremdung»[249]. Das Imaginäre entsteht ähnlich wie bei Dennett aus oberflächlichen Erscheinungen, die die darunterliegenden Prozesse verbergen. Die Ordnung des Imaginären vermittelt sich über die symbolische Ordnung in sprachähnlichen Repräsentationen und ist durch diese strukturiert. Eine Repräsentation (oder ein Signifikant) verweist demnach stets auf etwas Imaginäres. Das Reale bleibt aussen vor und kann selbst nicht als solches in diese imaginäre Sphäre eindringen. Bei Lacan widersetzt sich das Reale dem Symbolischen gar gänzlich, expliziter als dies Dennett beschrieb. Es liegt ausserhalb der Sprache und ist das Unmögliche, was nicht in die symbolische Ordnung integriert werden kann, die sich ja bloss auf das Imaginäre stützt. Obwohl das Reale durch die symbolische Unfassbarkeit eine traumatische Eigenschaft entfaltet, ist es dennoch materielles Substrat des Symbolischen und des Imaginären.[250] Auch bei Lacan ist das Reale nicht erkennbar, sondern ein opakes *Ding an sich.*

Den Repräsentationen wie den Symbolen ist es also nicht möglich, an das Reale zu rühren. Sie entspringen einem *Grossen Anderen,* den man frei nach Lacan als Bereich der Kultur (aber auch des Unbewussten) beschreiben kann. Nach Lacan sei es eine Illusion, zu glauben, dass Symbolische entspringe dem Realen.[251] Auch hier wird deutlich: Zwischen Signifikat und Signifikant fehlt bei Lacan jegliche Beziehung. Und so lange wir denken, etwas zu *denken* oder etwas zu *fühlen,* bewegen wir uns im Imaginären. Wäre es dann nicht naheliegend, das Imaginäre und das Reale zusammenzudenken? Wie wissen wir, dass da ausserhalb des Imaginären etwas ist? Dieser mit Lancan entwickelte Gedanke führt nun zum Versuch einer zugegebenermassen *synkretistischen Crossover-Synthese* zwischen der dualistischen Position Chalmers und der illusionistischen Position Dennetts.

Gesten der Negativität

Die beiden Philosophen Dennett und Chalmers transportieren in ihren Positionen Gesten der Negativität, wie sie im vorangehenden Kapitel besprochen wurden. Bei Chalmers besteht die Geste darin, sich mit seinem *hard problem,* der Frage, was ist das Bewusstsein, auf einen reinen Beobachter zurückzuziehen. Auch nach Chalmers lassen sich die meisten phänomenalen Prozesse der Kategorie *easy promblems* zuordnen und sind funktionalistisch und physikalisch erklärbar. Die Instanz, nach der er im *hard problem* fragt, ist eine, bei der es zu bezweifeln ist, ob sie überhaupt noch phänomenale Qualität besitzt, und wenn ja, wie sich eine solche Qualität eines neutralen, cartesianischen Zuschauers des Repräsentationstheaters anfühlen würde. Eine solche Instanz wäre durch eine beinahe vollständige Negativität ausgezeichnet; eine komplette und dennoch bewusste, intelligible Leere, die jegliche Identitätsbeziehung durch Negation aufhebt. Wie würde sich eine solche Instanz, ein solcher *state of mind* anfühlen?

Bei Dennett lässt sich eine Geste der Negativität in dem skeptizitischen Ansatz ausmachen, jegliche Bewusstseins-Qualia als Illusion zu bezeichnen. Dennett konzipiert das Bewusstsein als ein durch komplexe und fragmentierte Funktionen determinierter Apparat. Die Repräsentationen des Menschen sind bloss funktionale Informationsträger, die etwas als etwas qualitativ Gehaltvolles erscheinen lassen. Er reduziert oder eliminiert das Psychische auf das reine Interagieren von physikalischen Entitäten. Der Versuch, eine Position zwischen den Operationen, zwischen dem *Flux* der Erscheinungen und Repräsentationen einzunehmen, scheitert nach Dennett, es wäre ein unmöglicher Schritt ins Nichts, ins Nirvana.

Während bei Chalmers also etwas ungeklärt Geistiges als Rest zurückbleibt, ist es bei Dennett das Reale – blosse Materie. Nun schlägt Chalmers in der Diskussion des Mind-Body-Problems vor, eine panpsychistische Perspektive zu prüfen, die zwar ein etwas anderes Verständnis der Physik fordert, dafür vielversprechend scheint, den Graben zwischen Idealisten und Materialisten zu überbrücken:

> «[...] we can understand panpsychism as the thesis that some fundamental physical entities have mental states. For example, if quarks or photons have men-

tal states, that suffices for panpsychism to be true, even if rocks and numbers do not have mental states. Perhaps it would not suffice for just one photon to have mental states. The line here is blurry, but we can read the definition as requiring that all members of some fundamental physical types (all photons, for example) have mental states.»[252]

Somit wird das unbelebte physikalische Universum zu einer Art lebhaften Dimension, voller *untoter* Materie. Eine solche Sicht würde die beiden polaren Positionen vereinen und das *hard problem* gar in physikalistischen Termen klären lassen. Zudem liesse sich eine solche Sicht, wenn man sich die Materie mit ihren mentalen Eigenschaften auch mit Vernunft-Eigenschaften vorstellt, wiederum in die hegelsche Phänomenologie des Geistes integrieren, die ja auf einem Vernunftprimat aufbaute (was aber zugegebenermassen ein grosser Schritt wäre).

Symptomatische Qualia

Nun wird die obengenannte Spekulation, dass das Reale mit dem symbolisch strukturierten Imaginären verflochten ist, wieder aufgegriffen. Der Zombie, der ja ganz zu Beginn, in der Einleitung dieser Arbeit, mit Žižek als Einbruch des Realen in die symbolische und imaginäre Ordnung beschrieben wurde, als eine Wesenheit, die ihren zweiten, kulturellen Tod erstrebt, den Tribut fordert, symbolisch integriert zu werden, wird nun zum Sinnbild einer panpsychistischen Wahrnehmungstheorie.

Werden die Qualia als unaufgeklärte phänomenale Erfahrungen verstanden, als vermeintliche Eigentlichkeit, als Verwechslung und falsche Identifizierung, können diese, da sie ja Teil der imaginären Ordnung sind, mittels Vernunft sich symbolisch bearbeiten lassen, sprich, sich durch die Begegnung mit deren *negativen Qualität* auflösen. Die Qualia könnten so als psychische Zombies verstanden werden, die als symptomatische Wiedergänger aus dem Unbewussten die illusorischen Setzungen über den eignen Zustand herausfordern. Somit rücken die Überlegungen wiederum in die Nähe von Freuds Auffassung über den Zustand des Unbewussten und der Möglichkeit der analytischen Interpretation, die Žižek wie folgt festhält:

«Its [the unconsious' | mh] positive ontological condition is that something must remain non-symbolized, that something must not be put into words. This would also be the most elementary definition of the symptom as a certain formation which exists only insofar as the subject ignores some fundamental truth about himself. As soon as its meaning is integrated into the symbolic universe of the subject, the symptom dissolves itself. This, at least, was the stake of the early Freud, of his belief in the omnipotence of the interpretive procedure.»[253]

Nach Žižek nahm auch Lacan an, dass das Reale selbst aus einer Art symbolischem Wissen besteht, nach dem es sich verhält. Das Reale würde sich nur materialisieren, wenn es nicht gänzlich symbolisch, also formal aufgehoben ist. Wenn etwas aus dem intelligiblen Gleichgewicht gefallen ist, erhält es den Charakter eines unaufgeklärten Symptoms:

«Lacan›s idea of ‚reality' as symptom is based upon the foreclosure of a certain key-signifier: its material, positive presence is nothing but an embodiment of a certain blockage in the process of symbolization. To put it in a simple way, for the reality to exist, something must be left unspoken.»[254]

Nun führen die Stränge zusammen: Der Zombie symbolisiert also nicht nur den Einbruch des Realen in die imaginäre und symbolische Ordnung, sondern auch die unbewussten Anteile unseres Selbst, die ins Licht des Betrachters treten. Unter dem Realen können gewissermassen nicht aufgeklärte, verdrängte Entitäten verstanden werden, die entstanden sind, weil sie vom Subjekt (oder von welcher Instanz auch immer wir an dieser Stelle noch reden können) imaginiert und somit ignoriert wurden. Die Ignoranz bestand in der Identifizierung mit dem Schein, der zu unhinterfragten Setzungen unseres Selbstbildes, unseres Alltags und unserer Wissensordnungen geworden ist. Nun fordert der Todestrieb und mit ihm der Zombie, diese illusionären Ordnungen aufzulösen, bis ins *Jenseits des Vernunftprinzips.*

Diskussion

Der Zombie als produktive Verunsicherung

Die Arbeit hat eine kulturwissenschaftliche Figurengeschichte des Zombies zusammengetragen, seine frühen Erscheinungsformen, seine Transfigurationen zum Deprivations- und zum Rachezombie herausgearbeitet und das Ineinandergreifen von volkskundlichen Erkenntnissen und popkulturellen Produktionen beleuchtet sowie die fachgeschichtlichen Perspektivenverschiebungen nachgezeichnet, die sich von frühen ethnografischen Arbeiten bis zu den Ansätzen der Postcolonial Studies vollzogen.

Die Frage, inwiefern sich der Pandemie- und Rachezombie aktueller Film- und Serienproduktionen mit dem folkloristischen Deprivationszombie in Verbindung bringen lässt, liess die vorliegende Arbeit aus den ethnografischen und historischen Quellen ein Grundschema des Zombies entwickeln. Darin wurde eine produktive Erkenntnis gewonnen, die bislang nicht in den kulturwissenschaftlichen Forschungsdiskurs eingegangen ist. Die Transfiguration vom Opfer zum Täter ist bereits in den frühen folkloristischen Zombie-Erzählungen angelegt, wie sie etwa Métraux[255] thematisierte, bei denen der deprivierte Zombie durch die Einnahme von Salz wieder zu Bewusstsein kommt, sich an seinen Widersachern rächt und mit einem zerstörerischen Sturm wieder in sein Grab zurückkehrt. Da in aktuellen Filmproduktionen der Deprivationsaspekt nicht offensichtlich ist, ist die Figur schwer mit ihrer kolonialen Vergangenheit in Verbindung zu bringen. Die Pandemie- und Rachezombies sind aber nicht einfach bloss als eine autonome Hollywoodfigur, sondern als narrative Fortführung seines folkloristischen Vorgängers zu verstehen, der sich für seine Deprivation rächt. Bei den mitunter genrespezifisch stark selbstreferentiellen Zombiefilmen droht dieser Aspekt unhinterfragt wegzufallen – dennoch bleibt er im Zombie eingeschrieben. Seine Rache richtet sich nun nicht mehr auf einen bestimmten Zauberer oder Meister, sondern gegen die vermeintlich unschuldige Allgemeinheit. Das lässt viel Raum für kulturkritische Spekulationen, etwa dass hier Rache an der kapitalistischen Konsumgesellschaft genommen wird, die Ungleichheit und prekäre Lebensbedingungen verursacht. Ironischer Weise hat die Rache selbst die Form eines übersteigerten Konsumverhaltens.

Die Auseinandersetzung mit postkolonialen Studien hat gezeigt, wie mit dem Zombie und den Voodoo-Narrativen in medialen Fiktionen auf kultureller Ebene «Othering»-Prozesse entstanden, die intendiert oder nicht, der hegemonialen Politik der USA entgegenkamen und paternalistische Interventionen legitimierten. Haiti wurde mit seinen Einwohner*innen durch diese Narrative mystifiziert und als gefährlich, wild und unzivilisiert stereotypisiert – Deutungsschemen, die bis in die Gegenwart aktiv sind.[256] Dass bei diesen frühen Mystifizierungen die Ethnologie nicht unbeteiligt war, zeigen die kritischen Auseinandersetzungen der Postcolonial Studies. So beschreibt der von Mimi Seller gebildete Begriff des «Ethnological Sensationalism» diesen Effekt treffend. Würden die Zombienarrative aber bloss als eurozentristischen Reflex und als Othering-Zuschreibungen verstanden, würden sie, wie Kieran Murphy zurecht kritisiert[257], ihres emanzipatorischen Potenzials beraubt, das eben gerade erlaubt, die Erfahrung von Verlust und Sinnlosigkeit zu verbildlichen. Die Ambivalenz der Moderne, die die Subjekte spätestens seit der frühen Industrialisierung im 18. Jahrhundert weltweit erfahren, und bis heute über kulturelle Grenzen hinweg Gültigkeit besitzt, bekommt im Zombie eine Geschichte und ein deutliches Gesicht.

Entsprechend lässt sich mit Nancy Wadsworth[258] folgern, dass die Zombienarrative zeigen, wie die kapitalistischen Verhältnisse den Menschen in einen zombieähnlichen Zustand versetzen: Das Leben wird hauptsächlich medial erfahren, Konsum vollzieht sich relativ unbewusst und affektgesteuert, das öffentliche Leben wird zunehmend zu Gunsten einer anonymen privaten Sphäre fragmentiert, die Arbeitstätigkeit ist in grossen Interdependenzketten eingebunden, die kaum Raum für persönliche Entfaltung und spontane soziale Begegnungen bieten und als deutliches Moment der Entfremdung auf die Individuen einwirken. In den Filmproduktionen werden die Zombie-Dystopien zum Versuchslabor möglicher Alternativen, bei denen sich die Überlebenden in solidarischen Lebensformen üben – natürlich stets im Krisenmodus.

An dieser Stelle muss nun auch eine kritische Reflexion einsetzen und diese Interpretation etwas relativieren. Denn dieser Krisenmodus sollte nicht als romantische Möglichkeit in rousseauschem Sinne verstanden werden, als ein *retour à la nature,* als eine Rückkehr in einen ursprünglichen, essentiellen Zustand, der die Subjekte aus ihrer *deprivierenden* Wohlstandsblase ins *echte abenteuerliche* Leben zurückholt. Der Krisenmodus in den aktuellen Zombie-Fiktionen ist ebenfalls als kritische Metapher auf die materiellen gesellschaftlichen Bedingungen zu lesen, in denen das ständige Ausrufen der Krise und des Notstandes zu einem im politischen System des Kapitalismus inhärenten Moment gehört, wie dies etwa Giorgio Agamben theoretisiert.[259] Interessant wäre es, an dieser Stelle empirische Untersuchungen anzustellen, wie etwa die Praxen in Prepperszenen durch Zombienarrative legitimiert werden und inwiefern sich in ihren Motiven wirtschaftlich-soziale Unsicherheiten des Mittelstandes zeigen. Auch wäre zu untersuchen, wie sich die physische und psychische Gewaltbereitschaft gegenüber Nahestehenden, Mitbürger*innen, Bedürftigen und Kranken im hypothetischen Fall einer Apokalypse verhält – steht dann der Zombie, wie bei Linnemann et al. dargelegt, für den «killable other»[260]?

Das Zombienarrativ in seiner Deprivations-, wie auch in seiner pandemischen Version, vermag also sowohl emanzipatorisches Potential entfalten wie auch in sein Gegenteil umschlagen und komplexitätsreduktive Deutungen lostreten. Die Ambivalenz kippt je nach Kontext und je nach Perspektive auf die eine oder andere Seite. Auf jeden Fall führt der Zombie zu einer produktiven Verunsicherung, gerade in jenen Geschichten, in denen der Mensch mit einer Zombieapokalypse konfrontiert ist, die, weil menschgemacht, ihn auf sich selbst zurückwirft.

Bei diesem Punkt – der Mensch als die Bedrohung seiner selbst – kann nun auch an die von Susann Buck-Morss angeregte Auseinandersetzung mit Georg W.F. Hegel anknüpfen. Bei Hegel wird der Aspekt der menschgemachten Bedrohung zu einer Möglichkeit, sich aus einer *Knecht-Ideologie* zu emanzipieren – eine Idee, die nachfolgend nochmals aufgegriffen wird. Zudem hat Buck-Morss bestätigt, was bereits verschiedene Autor*innen vor ihr, jedoch aufgrund anderer Daten, betont hatten: Sowohl Voodoo wie auch der Zombie sind nicht auf eine geografische oder kulturelle haitianische Herkunft essentialisierbar. Vielmehr bestehen sie aus unterschiedlichen Elementen des Christentums, des europäischen Aberglaubens und westafrikanischen Glaubenskonzepten, die wiederum Parallelen zu antiken Ideen aufweisen (bspw. aristotelisches Seelenvermögen). Buck-Morss zeigte zudem, dass zwischen den Haitianischen Revolutionär*innen und den Freimaurerlogen Frankreichs ein kultureller Austausch bestand. Der Zombie ist also ein altes globales und, in sämtlichen Dimensionen des Begriffs, hybrides Wesen.

Negativität und Thanatos: Wege aus der strukturellen Selbstverknechtung

In der Auseinandersetzung mit Hegel und seiner Herrschaft-Knechtschaftsdialektik hat sich gezeigt, dass der Zombie an verschiedene Punkte dieses Konzepts anschliessen kann. Die hegelsche Gesellschaftsanalyse, die unter dem Eindruck der frühen Industrialisierung und den Unabhängigkeitskämpfen sowohl in Europa und auch Haiti entstand, verstand den Menschen als soziales Wesen, das sich in einen wechselseitigen Kampf um Anerkennung begibt. Dieser Kampf, der bereits asymmetrisch startet, ist gleichzeig ein Bewusstseinsbildungsprozess, der das Subjekt vom Konkreten ins Allgemeine führen sollte. Einfach ausgedrückt, dass es sein Ich im Wir, und das Wir im Ich reflektiert sieht. Der Deprivationszombie verdeutlicht, dass es aus der Position des Knechts unmöglich ist, diesen Kampf auf Leben und Tod zu führen, weil materiell die Ressourcen dazu nicht vorhanden sind. Der Herr kann es sich aufgrund seiner privilegierten Position leisten, einen solchen Konflikt um Prinzipien zu unterhalten. Der Zombie verkörpert quasi den Nullpunkt einer Anerkennungsbeziehung und führt so, vorerst kampflos, die vermeintliche Freiheit des Herrn deutlich ad absurdum – wenn der Herr seine Freiheit in der Anerkennung begründet, die er von *untoten* Wesen erhält, wie kann sie dann Gültigkeit besitzen? Dieser Selbstwiderspruch ist auch ein zentrales Moment, das in der Herrschaft-Knechtschaftsdialektik die Synthese einleitet. Der Herr realisiert zwar seine Abhängigkeit vom Knecht, ihm fehlt aber noch die Einsicht in sein wahres Wesen und in die Freiheit, wie sie der Knecht seinerseits gemacht hat. Letzterer erlangte ja durch das existentielle Trauma und die Entfremdung in der Arbeit ein negatives Bewusstsein, das ihm die Einsicht in die Idee der Freiheit und in sein wahres Selbst ermöglichte. Ein Selbst, das sich aus der empirischen Erfahrung der Unbeständigkeit der begehrten Dinge heraus ebenfalls als wesenlos, als reines Selbstverhältnis zu einem leeren Begehren begriff.

Nun lassen sich aber die Bedingungen dieses Bewusstseinsprozesses in Frage stellen. Sind die Deprivations- und Abhängigkeitserfahrungen sowie die Entfremdung in der Arbeit wirklich notwendige Momente, um zur genannten Einsicht zu gelangen? Wäre diese Erkenntnis nicht bereits durch die intentionale Bewusstseinsstruktur des Menschen und durch die Erfahrung einer sich dem totalen Zugriff entziehenden Umwelt zu gewinnen?

Weiter wurde das Begehren als zentrales Element in Hegels Phänomenologie des Geistes aufgearbeitet. Das ebenfalls aus einem stufenartigen Prozess hervorgegangene Begehren lässt den Menschen sich aus seinem passiven Bewusstsein mit der Welt verbinden. Auch zu diesen Stufen lassen sich mit dem Zombie Analogien ziehen. Wäre der Zombie kognitiv nicht in einem Dämmerzustand, wäre er als maximal entfremdeter und von der Gunst des Herrn komplett abhängiger Arbeiter klares Sinnbild für die Bedingungen, in denen sich dieses leere Begehren, die Negativität im Bewusstsein, herausbildet. Da die Negativität aber ein geistiges Vermögen ist, kann der Zombie diesen Zustand kognitiv nicht erreichen. Im Zustand der Deprivation wurde ihm ja sogar sein Begehren geraubt – so handelt er nicht nach seinem, sondern nach dem Begehren des Meisters. Wird er durch die Einnahme von Salz *geweckt,* wird der (Klassen-)Kampf um Anerkennung dort fortgeführt, wo er aufgehört hat: Der Zombie wütet wie ein Tier, als das er behandelt wurde. Er setzt an zu einer blutrünstigen Tour der Negation, zu einer vernichtenden Rache seiner Deprivation. Er steigt in den Kampf um Leben und Tod, um seine Ehre, wieder ein, der bei Honneth ja mit der gegenseitigen Demonstration der Todesbereitschaft in eine wechselseitige Anerkennungsbeziehung geführt hatte. Mit einem gewissen Zynismus führt der Zombie den Kampf nun weiter. Seine Todesbereitschaft wurde ja über seinen ersten Tod hinaus ignoriert – er ist gestorben unter den Augen seines Meisters. Jetzt holt der Zombie den Herrn in sein Reich, auch er muss zum Zombie werden.

Diese Geste des Zombies ist nun aber nicht die nichtende Vorwärtsbewegung, die alles Seiende zu nichts werden lässt, in der Hegel den Menschen anthropologisch situiert. Darunter ist ein intelligibler Erkenntnisprozess zu verstehen, ein Prozess, in dem sich fortlaufend das Selbst in ein negatives Selbstverhältnis setzt. Dadurch wird eine Identitätsbeziehung unmöglich, das Subjekt hat keine inhaltliche Essenz, sondern ist diese offene leere Freiheit. Mit dem Zombie, auch wenn er nicht ganz ins Bild dieser, wenn man so will, rationalen Kosmologie passt, lassen sich doch im Anschluss daran zwei anthropologische Aspekte herausstreichen, die auch in aktuellen Identitätsdiskursen weiter verfolgt werden können: Der Mensch ist ein Mangelwesen, durch ihn hindurch zieht sich ein Bruch (die Nicht-Identität) und beides beschränkt sich nicht nur auf den Menschen, sondern gilt auch für die Aussen- und Dingwelt. Der Kampf um Anerkennung ist ein Pazifizierungsprozess, an dessen Ende sich die Subjekte, in der Einsicht ihres Wesens, ihr (vermeintliches) Begehren für den anderen zurücknehmen (negieren) und sich in der Selbstnegation des Gegenübers als wirkmächtig und akzeptiert erfahren. Die Performanz des Rachezombie besteht in der Inversion dieses Prozesses, hier wird nichts zurückgestellt, sondern den Kampf um Ehre blutig und tödlich ausgetragen.

Wie der Zombie den Herrn durchaus in pandemischem Ausmass ebenfalls zum Zombie macht, genauso wird der Herr bei Hegel nach seiner Desillusion über seine vermeintliche Freiheit zum Knecht, jedoch bloss formal. Denn er bleibt mangels Einsicht in seiner alten Weltsicht verhaftet und auch der Knecht bleibt, gerade auf Grund seiner Einsicht in sein Wesen, passiv. Für ihn lohnt es nicht, den Todeskampf aufzunehmen, jetzt, wo er das Wesen der Freiheit erkannt hat. Somit realisiert sich die Freiheit nicht in der skizzierten Anerkennungsform, sondern es treten Knechtideologien an deren Stelle, durch die der Knecht sich die Konkretisierung der Freiheit im Hier und Jetzt weiter aufschiebt und mit der christlichen Ideologie gar ins Jenseits verlegt. Hieraus entwickelte die Arbeit mit Alexandre Kojève eine kapitalismuskritische Folgerung, die bereits bei Hegel angelegt war. Denn indem die bürgerliche Ordnung an die christliche Ideologie anschliesst, indem sie weiterhin am Transzendentalen und am Abstrakten festhält und in Form des Kapitals im Diesseits ansiedelt, umgeht sie wiederum eine echte Verschränkung von Allgemeinem und Konkretem. Der Privateigentümer wird somit zum Knecht der abstrakten Grösse seines Kapitals und die bürgerliche Ordnung erhält die Form einer strukturellen Selbstverknechtung und nicht die Form einer freien Gesellschaft. Der Mensch verharrt in dieser Ideologie in einem *unglücklichen Bewusstsein,* da das Allgemeine und das Konkrete in ihm noch nicht vereint sind. Er ist der Zombie des Kapitals, das ihm zwar durch Kumulation, Arbeit und Verzicht so etwas wie Unabhängigkeit verspricht, vor allem aber Ungleichheiten und prekäre Umstände schafft. In dieser Herleitung liegen Parallelen zu zeitgenössischen Phänomenen auf der Hand: Konsumismus, neoliberale Politiken, Globalisierung sind nur ein paar Begriffe, die sich mit dieser Ideologiekritik fassen und problematisieren lassen. Ein Weg aus dieser Ideologie hinaus ist bei Kojève die Konfrontation mit der Bedrohung, die sich der Mensch so selbst schafft. Bei Hegel war es der Terror von Robespierre und seinen Gefolgsleuten, bei der vorliegenden Arbeit die vom Menschen verursachte Zombieapokalypse, welche ihn die der Ideologie innewohnenden Setzungen konkretisieren lassen. Diese selbstgeschaffene Bedrohung, wenn der Mensch als Feind seiner selbst aus selbstgeschaffenen, deprivierenden und unterdrückenden Verhältnissen wie ein Zombie hervorgeht, kann zu einer produktiven Negation führen. Aus dieser Negativität heraus könnten Strukturen und Ordnungen revolutionär umgeformt werden, die zu diesen Verhältnissen geführt haben – so zumindest verspricht es die Lektüre von Alexandre Kojève.

Mit der Verlässlichkeit eines Neurotikers führt der Zombie seine Deprivation auf und demonstriert sein erlittenes Unrecht, in dem er sich gewaltsam verhält. Wie in einem Wiederholungszwang gefangen, meuchelt er sich durch die Lebenden auf dem Weg in sein Grab. Die Arbeit hat durch den Zombie den freudschen Todestrieb als Drang des Lebens, wieder zu anorganischen Materie zurückzukehren, als Drang zur Einkehr ins *wahre* Selbst interpretiert. Dieses Selbst wurde wie bei Hegel vorgestellt, als ein *unerfüllter Punkt des absolut freien Selbst* verstanden, was gewissermassen mit einer Nicht-Existenz gleich zu setzen ist. Mit dieser Interpretation wurden die Parallelen zwischen Hegel und Freuds Konzepten sichtbar. So insistiert der Zombie, wie das dionysische Diktum bei Nietzsche, auf dieser Nichtexistenz, darauf, jegliche Ordnung und somit auch das Leben an sich, als Illusion zu entlarven.

Durch die ständige Wiederaufführung seiner Traumata erhalten diese, wie bei einer Neurose, keine Bearbeitung. Der Zombie transportiert den verdrängten Todeswunsch immer wieder ins (mediale) Bewusstsein. In seiner Schauerästhetik konfrontiert er uns mit der Vergänglichkeit und Fragilität unserer Körper. Schliesslich stellt er auch die Identitätsbeziehungen dazu in Frage: Sind wir diesen Körper? Er verweist dabei auf eine symbolische Lücke, auf das Reale, das nicht integriert ist, daher traumatisch wirkt und eine Verdrängung auslöst. Er bringt diese Todesverdrängung, wie wir sie auch beim Knecht gesehen haben, zur Diskussion und macht die theologische Spekulation verständlich, auf die Hegels Philosophie und die Interpretation Žižeks zulaufen: Durch den wahnsinnigen Akt des in sich Zurückweichens (ebenfalls eine Verdrängung) löst sich die symbolische Ebene und ein sich selbst reflektierendes Sein entsteht.

Die Kulturwissenschaft könnte von diesen beiden Theorien ausgehend nach weiteren kulturellen Manifestationen suchen, die sich mit diesen Spekulationen auseinandersetzen. Fiktionale Erzählungen, gesellschaftliche und wissenschaftliche Diskurse, in denen das Untote verhandelt wird (von Popkultur über die Physik bis zur Medizin), böten vielversprechende Felder, um quasi *buttom-up* an einer Theorie des Negativen und des Todestriebs empirisch zu arbeiten.

Abb. 30, 31 Die Zombieapokalypse als menschgemachte Bedrohung: Im Film «The Death Don't Die» entsteigt Iggy Pop als Zombie dem Grab, weil durch Fracking das ökologische Gleichgewicht der Erde gestört wurde und sich die Erdachse verschoben hat (The Dead Don't Die. USA 2019).

Für eine kritische Kulturanthropologie der Repräsentationen

Im Raum, der sich durch das oben beschriebene Zurückweichen öffnet, ereignen sich, sofern man diesem Bild folgt, auch alle geistigen Prozesse wie das phänomenale Wahrnehmen von Affekten, die Rezeption der Sinne und die kognitive Reflexion. Etwa in den durch die Auseinandersetzung mit dem Zombie angeregten Fragen, wie denn ein Trieb eigentlich ins Bewusstsein tritt, und was das Bewusstsein überhaupt sein kann, wurde die Arbeit auf wahrnehmungstheoretische Ansätze gelenkt. Dabei trafen wir den Zombie in der Debatte der Philosophie des Geistes als argumentative Figur im Leib-Seele-Problem wieder, was zur genealogischen Herangehensweise der Arbeit passte, aber auch eine logische Konsequenz war. Der Zombie führt uns mit seinen im ersten Teil herausgearbeiteten Eigenschaften an die anthropologischen Fragen heran, als was sich der Mensch verstehen und welche Position er in einer wie gearteten Wirklichkeit einnehmen kann.

In der Auseinandersetzung mit den philosophischen Theorien Chalmers und Dennetts ist die Arbeit vor dem Hintergrund des freudschen Doppelgängers zur These gelangt, dass Qualia als unaufgeklärte Bewusstseinsinhalte, quasi als Zombies der Psyche gelten könnten. Diese würden aufgrund ihres repräsentationalen Charakters und der ihnen inhärenten Ambivalenz zwischen *realer* Referenz und Scheinbarkeit eine kritische Beachtung fordern.

Auch die phänomenalen Urteile über den Inhalt der Repräsentationen sind für die Kulturwissenschaft als Daten zu verstehen, die nicht auf ein eindeutiges Signifikat, sondern in Relation mit anderen Repräsentationen als Symbolisierungen in einem Netz von ambiguen Bedeutungen stehen. Mehr noch: Sie sind wohl kulturell, diskursiv erzeugt und somit auch intersubjektiv geteilt. Für die Kulturwissenschaft, die ja nie direkt, sondern immer nur mit Erzählungen von Qualia zu tun hat – selbst wenn die Methoden es vorsehen, Daten aus der immersiven Teilnehmerperspektive oder der 1. Person zu verwenden – ist es produktiv, die kulturelle Bedingtheit der Repräsentationen in Rechnung zu ziehen und keine Eigentlichkeiten zu vermuten. Dieser für die Kulturwissenschaft bereits mehrfach diskutierte Ansatz, wie etwa der von Lydia Maria Arantes und Elisa Rieger herausgegebene Band «Ethnographien der Sinne. Wahrnehmung und Methode» illustriert[261], ermutigt kulturwissenschaftliche Forschungsvorhaben zu jener Geste der Negativität, zu einer Skepsis, die anzweifelt, dass Identitätsbeziehungen je möglich sind. Die Gegenstände wie die Beobachtenden sind in ständiger Bewegung und Transfiguration.

Die Wahrnehmungstheorie der Repräsentationen lässt sich in die lancansche Trias des Realen, des Symbolischen und Imaginären integrieren. Das Reale wird nie erschlossen, sondern bloss repräsentiert. Es zeigt sich symbolisch im Imaginären (für den Menschen gibt es nichts anderes zu *sehen* als Symbole). Das Reale drängt auf eine Eingliederung in die symbolische Ordnung, auf eine Kontextualisierung. Der Zombie als kulturelles Symbol ist den Erkenntnisweg bereits etwas vorgegangen. Entweder der Doppelgänger reisst uns mit ins Unheimliche unserer Illusionen oder wir nehmen ihn wieder auf ins individuelle und kollektive Gedächtnis, als den Boten unserer unbedingten Freiheit und als Idee der letzten Bestimmung. Sollte sich nun in der philosophischen Debatte der panpsychistische Ansatz wieder rehabilitieren, an der symbolischen Verfasstheit des Menschen würde sich nichts ändern. Ausser die Erkenntnis, dass nun vielleicht der Zugang zum Realen wirklich über Sprache möglich wäre. Es antwortete zurück. Wenn auch unverständlich. Die Arbeit hat versucht, dem Zombie Eingang in neue, alte symbolische Zusammenhänge und somit in den ewigen Frieden zu eröffnen. Die Gräber stehen offen. Die Spiegel sind blank und in die Nacht der Welt gerichtet.

Anhang

Primärquellen

Bronfen, Elisabeth: Angesteckt. Zeitgemässes über Pandemie und Kultur. Basel: Echtzeit, 2020.

Fuster, Thomas: Die wirtschaftlichen Folgen von Corona: Vorsicht vor der Zombie-Ökonomie! In: NZZ: https://www.nzz.ch/meinung/wirtschaftliche-folgen-von-corona-vorsicht-vor-zombie-oekononomie-ld.1571893?reduced=true (Aufgerufen am 10.10.2020).

Grundlehner, Werner: «Die Welt ist voll von Zombie-Banken». In: NZZ: https://www.nzz.ch/finanzen/die-welt-ist-voll-von-zombie-banken-ld.1328353 (aufgerufen am 11.3.2020).

Gut, Philipp: Zombie-Rahmenvertrag. In: Weltwoche: https://www.weltwoche.ch/ausgaben/2019-38/kommentare-analysen/zombie-rahmenvertrag-die-weltwoche-ausgabe-38-2019.html (aufgerufen 11.3.2020).

Zombie Research Society: https://zombieresearchsociety.com (aufgerufen 11.3.2020).

Film/Video

Dawn of the Dead. USA 1978. George Romero (Laurel Group).

Night of the Living Dead. USA 1968. George Romero (Image Ten)

The Dead Don't Die. USA 2019. Jim Jarmusch (Universal Pictures).

The Serpent and the Rainbow. USA 1988. Wes Craven (Universal Pictures).

The White Zombie. USA 1932. Victor Halperin (Halperin Productions).

Thriller. Michael Jackson, USA 1982. John Landis (George Folsi / Epic Records).

Walking Dead. USA 2010. Frank Darabont (Circle of Confusion, Valhalla Motion Pictures).

World War Z. USA 2013. Marc Forster (Skydance Productions).

Sekundärliteratur

Ackermann, Hans-W. und Jeanine Gauthier: The Ways and Nature of the Zombi. In: The Journal of American Folklore (104: 414). Bloomington: University of Illinois, 1991, S. 466–494.

Adorno, Theodor W.: Theorie der Halbbildung. Frankfurt am Main: Suhrkamp, 2006 (1959).

Agamben, Giorgio: Ausnahmezustand – Homo sacer II.1. Frankfurt am Main: Suhrkamp, 2004.

Arantes, Lydia Maria und Elisa Rieger (Hg.): Ethnographien der Sinne. Wahrnehmung und Methode in empirisch-kulturwissenschaftlichen Forschungen. Bielefeld: Transkript, 2014.

Assef, Jorge: The Zombie Epidemic: A Hypermodern Version of the Apocalypse. In: LC Express (2:7). 2013, S. 1–16. URL: https://static1.squarespace.com/static/53080463e4b0e23db627855b/t/530bf953e4b004006c66f915/1393293651290/LCE+7+final.pdf (aufgerufen am 5.5.2020)

Booth, William: Voodoo science. In: Science (240:4850). New York: American Association for the Advancement of Science, 1988, S. 274–277. DOI: 10.1126/science.3353722 (aufgerufen am 2.10.2020)

Buck-Morss, Susan: Hegel and Haiti. In: Critical Inquiry (26:4). Chicago: University Press, 2000, S. 821–865.

Buck-Morss, Susan: Hegel, Haiti, and Universal History. Pittsburgh: University Press, 2009.

Butler, Clark: Hegel and Freud: A Comparison. In: Philosophy and Phenomenological Research (36: 4). Hobocken: Wiley-Blackwell 1976, S. 506–522.

Clark, Vèvè A.: Katherine Dunham's Tropical Revue. In: Black American Literature Forum (16:4). Black Theatre Issue. St. Louis: African American Review, 1982, S. 147–152.

Chalmers, David J.: Consciousness and its Place in Nature. In: Stich, Stephen P.; Warfield, Ted (Hg): Blackwell Guide to the Philosophy of Mind. Oxford: Blackwell, 2003, S. 102–142.

Chalmers, David J.: Panpsychism and Panprotopsychism. In: Alter, Torin; Nagasawa, Yujin (Hg.): Consciousness in the physical world: perspectives on Russellian monism. New York: Oxford University Press, 2015, S. 246–276.

Chalmers, David J.: The Meta-Problem of Consciousness. In: Journal of Consciousness Studies (25: 9–10). Exeter: Imprint, 2018, S. 6–61.

Dash, Michael J.: Haiti and the United States. National Stereotypes and the Literary Imagination. Hampshire: Palgrave Macmillan, 1998.

Davis, Wade: The Serpent and the Rainbow. New York: Simon and Schuster, 1985.

Davis, Wade: Passage of Darkness. The Ethnobiology of the Haitian Zombie. Chapel Hill: University of North Carolina Press, 1988.

Dayan, Joan: Haiti, History, and the Gods. Berkley: University of California Press, 1995.

Degoul, Franck: Die Vergangenheit ist für alle da. Vom Umgang mit dem zombi im haitianischen Imaginären und seinen historischen Ursprüngen. In: Rath, Gudrun (Hg.): Zombies. Zeitschrift für Kulturwissenschaften (1:14), Bielefeld: Transcript 2014, S. 35–47.

Dennett, Daniel: The Unimagined Preposterousness of Zombies. In: Journal of Consciousness Studies (2: 4). Exeter: Imprint Academic, 1995, S. 322–326.

Dennett, Daniel: The Zombie Hunch: Extinction of an Intuition? In: O'Hear, Anthony: Philosophy at The New Millennium. Cambridge: Univ. Press, 2001, S. 27–43.

Dennett, Daniel: Illusionism as the Obvious Default Theory of Consciousness. In: Journal of Consciousness Studies (23: 11–12). Exeter: Imprint Academic, S. 2016, S. 65–72.

Dennett, Daniel: Welcome to Strong Illusionism. In: Journal of Consciousness Studies (26, 9–10). Exeter: Imprint Academic 2019, S. 48–58.

Dima, Vlad: You Only Die Thrice: Zombies Revisited in The Walking Dead. In: International Journal of Žižek Studies (8:2), 2014, S. 1–22. http://zizekstudies.org/index.php/IJZS/article/view/748/754 (aufgerufen am 5.5.2020)

Dorsch. Lexikon der Psychologie. Wirz, Markus Antonius (Hg.). Bern: Hogrefe. https://dorsch.hogrefe.com (aufgerufen am 26.9.2020).

Ehrmann, Jeanette: Working Dead. Walking Debt. Der Zombie als Metapher der Kapitalismuskritik. In: Rath, Gudrun (Hg.): Zombies. Zeitschrift für Kulturwissenschaften (1:14), Bielefeld: Transcript 2014, S. 21–34.

Evans, Dylan: Wörterbuch der Lacanschen Psychoanalyse. Wien: Turia + Kant, 2002.

Foucault, Michel: Geometrie des Verfahrens. Schriften zur Methode. Frankfurt am Main: Suhrkamp, 2009.

Frankish, Keith: Illusionism as a Theory of Consciousness. In: Journal of Consciousness Studies (23: 11–12). Exeter: Imprint Academic, 2016, S. 11–39.

Freud, Sigmund: Das Unheimliche. In: Gesammelte Werke. Chronologisch geordnet (Hg. Anna Freud, Bd. XII). Frankfurt am Main: Fischer, 1966 (1919), S. 227–278.

Freud, Sigmund: Jenseits des Lustprinzips. In: Gesammelte Werke. Chronologisch geordnet (Hg. Anna Freud, Bd. XIII). Frankfurt am Main: Fischer, 1967 (1920), S. 1–69.

Garland, Christopher: Hollywood's Haiti: Allegory, Crisis, and Intervention in The Serpent and the Rainbow and White Zombie. In: Contemporary French and Francophone Studies (19:3). Abingdon: Routledge, 2015, S. 273–283.

Gelder, Ken: Postcolonial voodoo. In: Postcolonial Studies: Culture, Politics, Economy (3:1). Abingdon: Routledge, 2000, S. 89–98.

Gloy, Karen: Bemerkungen zum Kapitel «Herrschaft und Knechtschaft» in Hegels Phänomenologie des Geistes. In: Zeitschrift für philosophische Forschung (39: 2). Frankfurt am Main: Klostermann, 1985, S. 187–213.

Heady, Margaret: Vaudou and the marine: Jacques-Stéphen Alexis and Zora Neale Hurston on the American occupation of Haiti. In:

Atlantic Studies (13:2). Abingdon: Routledge, 2016, S. 282–300.

Hegel, Georg W.F.: Phänomenologie des Geistes (Hg: Wessels, Hans F. und Wolfgang Bonsiepen). Hamburg: Felix Meiner, 1988 (1807).

Hoermann, Raphael: Tropen des Terrors: Zombies und die Haitianische Revolution. In: Rath, Gudrun (Hrsg.): Zombies. Zeitschrift für Kulturwissenschaften (1/14), Bielefeld: Transcript, 2014, S 62–72.

Hoermann, Raphael: Figures of terror: The «zombie» and the Haitian Revolution. In: Atlantic Studies (14:2). Abingdon: Routledge, 2017, S. 152–173.

Honneth, Axel: Das Ich im Wir. Studien zur Anerkennungstheorie. Berlin: Suhrkamp, 2017 (2010).

Honneth, Axel: Kampf um Anerkennung. Zur moralischen Grammatik sozialer Konflikte. Frankfurt a.M.: Suhrkamp, 2018 (1994).

Horkheimer, Max und Theodor W. Adorno: Dialektik der Aufklärung. Philosophische Fragmente. Frankfurt am Main: Fischer, 2017 (1944).

Hurston, Zora Neale: Tell my Horse. Berkeley: Turtle Island, 1938.

Jaeschke, Walter: Hegel-Handbuch. Leben – Werk – Schule. Stuttgart: Metzler, 2016.

Kant, Immanuel: Grundlegung zur Metaphysik der Sitten. Hamburg: Felix Meiner, 1999 (1785).

King Watts, Eric: Postracial fantasies, blackness, and zombies. In: Communication and Critical/Cultural Studies, 14(4). Abingdon: Routledge 2017, S. 317–333.

Kirk, Robert: Zombies v. Materialists. In: Proceedings of the Aristotelian Society, Supplementary Volumes (48). Oxford: University Press, 1974, S. 135–163.

Kojève, Alexandre: Hegel. Eine Vergegenwärtigung seines Denkens (Hg: Fetscher Iring). Frankfurt am Main: Suhrkamp, 1975.

Lacan, Jacques: Schriften II (In dt. Sprache. Hg. Haas, Norbert). Hemsbach: Beltz, 1991.

Lacan, Jacques: Freuds technische Schriften. Das Seminar, Buch I (1953–1954). Wien: Turia + Kant, 2015a.

Lacan, Jacques: Die vier Grundbegriffe der Psychoanalyse. Das Seminar, Buch XI. Wien: Turia + Kant, 2015b.

Lakoff, George und Mark Johnson: Metaphors we live by. Chicago: University of Chicago, 2003.

Linnemann, Travis, Tyler Wall und Edward Green: The walking dead and killing state: Zombification and the normalization of police violence. In: Theoretical Criminology 2014, Vol. 18(4). Thousand Oaks: Sage, 2014, S. 506–527.

Lucchelli, Juan Pablo: The Early Lacan: Five Unpublished Letters from Jacques Lacan to Alexandre Kojève. In: American Imago (73:3). Baltimore: The Johns Hopkins University Press, 2016, S. 325–341.

Métraux, Alfred: Voodoo in Haiti. New York: Oxford Press, 1959.

Mullen; Gary A.: Adorno, Zizek and the Zombie: Representing Mortality in an Age of Mass Killing. In: Journal for Cultural and Religious Theory (13:2). Denver: Whitestone, 2014, S. 48–57.

Murphy, Kieran M.: White Zombie. In: Contemporary French and Francophone Studies (15:1). Abingdon: Routledge, 2011, S. 47–55.

Nachbar, Jack und Kevin Lause: Getting to Know Us. In: Popular Culture. An Introductury Text. Madison: The University of Wisconsin Press, 1992, 1–35.

Nida-Rümelin, Martine: The Illusion of Illusionism. In: Journal of Consciousness Studies (23: 11–12). Exeter: Imprint Academic, 2016, S. 160–171.

Nietzsche, Friedrich: Die Geburt der Tragödie. Ditzingen: Reclam, 2018 (1871).

Oloff, Kerstin: 'Greening' The Zombie: Caribbean Gothic, World-Ecology, and Socio-Ecological Degradation. In: Green Letters (16:1). Abingdon: Routledge, 2012, S. 31–45.

Ottmann, Henning: Herr und Knecht bei Hegel. Bemerkungen zu einer mißverstandenen Dialektik. In: Zeitschrift für philosophische Forschung (35:3/4). Frankfurt am Main: Klostermann, S. 365–384.

Pressley-Sanon, Toni: Haitian (Pre)Occupations: Ideological and Discursive Repetitions: 1915-1934 and 2004 to Present. In: Caribbean Studies (42:2). Rio Piedras: Institute of Caribbean Studies, 2014, S. 115–153.

Rath, Gudrun: Zombi/e/s. Zur Einleitung. In: Rath, Gudrun (Hrsg.): Zombies. Zeitschrift für Kulturwissenschaften (1:14), Bielefeld: Transcript 2014, S. 1–19.

Rath, Gudrun: Zombifizierung als Provokation. Zum ersten Zombi-Text. In: Rath, Gudrun (Hrsg.): Zombies. Zeitschrift für Kulturwissenschaften (1:14). Bielefeld: Transcript 2014, 49–60.

Raymen, Thomas: Living in the end times through popular culture: An ultra-realist analysis of The Walking Dead as popular criminology. In: Crime Media Culture (14:3). Thousand Oaks: Sage, 2018, S. 429–447.

Seabrook, William: The Magic Island. New York: The Literary Guild of America, 1929.

Sheller, Mimi: Consuming the Caribbean. From Arawaks to Zombies. London: Routledge, 2003.

Sigurdson, Ola: Slavoj Žižek, the Death Drive, and Zombies. In: Modern Theology (29:3). Hoboken: Wiley & Sons, 2013, S. 361–380.

Wadsworth, Nancy D.: Are We the Walking Dead? Zombie Apocalypse as Liberatory Art. In: New Political Science (38:4). Abingdon: Routledge, 2016, S. 561-581.

Weinstein, Brian; Segal, Aaron: Haiti: Political Failures, Cultural Successes. Santa Barbara: Praeger, 1984.

Weisberg, Josh: The zombie's cogito: Meditations on type-Q materialism. In: Philosophical Psychology (24:5). Abingdon: Routledge, 2011, S. 585–605.

Žižek, Slavoj: The Real and Its Vicissitudes. In: Newsletter of the Freudian Field (3: 1&2). Gainesville: University of Florida, 1989, S. 80–102.

Žižek, Slavoj: Die Tücke des Subjekts. Frankfurt a. M.: Suhrkamp, 2001.

Abbildungsverzeichnis

steven-c-schlozman/the-zombie-autopsies/9780446564656/ (aufgerufen 19.12.21).

Abb. 10: The Magic Island, William Seabrook, 1929. Buchcover. www.raptisrarebooks.com/product/the-magic-island-william-buehler-seabrook-first-edition-signed/ (aufgerufen 19.12.21).

Abb. 11: Tell my Horse, Nora Zeal Hurston 1938. Buchcover www.betweenthecovers.com/btc/reference_library/title/1016373 (aufgerufen 19.12.21).

Abb. 12: Dances of Haiti, Katherine Dunham, 1938. Buchcover (Ausgabe von 1983). www.culturalfront.org/2013/05/katherine-dunham-dance-glossary.html?m=1 (aufgerufen 19.12.21).

Abb. 13: The Serpant and the Rainbow, Wade Davis, 1985. Buchcover www.zvab.com/servlet/BookDetailsPL?-bi=30669482992&searchurl=an%3Ddavis%2Bwade%26sortby%3D20%26tn%3D-serpent%2Brainbow&cm_sp=snippet-_-srp1-_-image3 (aufgerufen 19.12.21)

Abb. 14: Passage of Darkness, Wade Davis, 1988. Buchcover uncpress.org/book/9780807842102/passage-of-darkness/ (aufgerufen 19.12.21)

Abb. 15: Voodoo in Haiti, Alfred Métraux, 1959. Buchcover www.biblio.com/book/voodoo-haiti-metraux-alfred/d/1395832654 (aufgerufen 19.12.21)

Abb. 16, 17, 18: Screenshots von zombieindustries.com/, pinterest.com/pin/169448004705733586/, tacwrk.com (aufgerufen am 13.12.21).

Abb. 19, 20, 21: Night of the Living Dead. USA 1968. George Romero (Image Ten). Screenshots www.youtube.com/watch?-v=yA5kk8LB7BQ (aufgerufen 15.12.21).

Abb. 22: Filmplakat, White Zombie, USA 1932. Crisco restoration, CC/public domain. de.wikipedia.org/wiki/Datei:Poster_-_White_Zombie_01_Crisco_restoration.jpg (aufgerufen 15.12.21)

Abb. 23, 24: Night of the Living Dead. USA 1968. George Romero (Image Ten). Screenshots www.youtube.com/watch?-v=yA5kk8LB7BQ (aufgerufen 15.12.21).

Abb. 25, 26: Dawn of the Dead. USA 1978. George Romero (Laurel Group). Screenshot: www.youtube.com/watch?v=Y_EviQj5tvA (aufgerufen 15.12.21).

Abb. 27, 28: Shaun of the Dead. UK 2004. Edgar Wright (Universal). Screenshot: www.youtube.com/watch?v=LIfcaZ4pC-4 (aufgerufen 15.12.21).

Abb. 29: World War Z. USA 2013. Marc Forster (Skydance Productions). Screenshot: www.youtube.com/watch?v=Yo1fNO6bx48 (aufgerufen 15.12.21).

Abb. 30, 31: The Dead Don't Die. USA 2019. Jim Jarmusch (Universal). Screenshot www.youtube.com/watch?v=ozzREeOi2lg (aufgerufen 19.12.21) und Filmplakat https://www.focusfeatures.com/the-dead-dont-die (aufgerufen 19.12.21).

Anmerkungen

1 «The White Zombie». USA 1932. Regie Victor Halperin.
2 Fracking bezeichnet eine Technik zur Förderung von Erdgas und Erdöl, die zu geologischen, ökologischen und gesundheitlichen Problemen führen kann.
3 Etwa in der Serie «Walking Dead» (2010).
4 Dawn of the Dead, George Romero (1978).
5 Michael Jackson, Thriller, (1982, Epic Records).
6 World War Z, Marc Forster (2013).
7 Vgl. Bronfen 2020.
8 Vgl. Linnemann et al. 2014. Oder zum Zusammenhang von Metaphern und Weltwahrnehmung: Vgl. Lakoff/Johnson 2006.
9 Als Beispiel: Grundlehner, Werner: «Die Welt ist voll von Zombie-Banken». NZZ (Aufgerufen am 11.3.2020). Oder: Fuster, Thomas: Die wirtschaftlichen Folgen von Corona: Vorsicht vor der Zombie-Ökonomie! NZZ (Aufgerufen am 10.10.2020).
10 Als Beispiel: Gut, Philipp: Zombie-Rahmenvertrag. Weltwoche (aufgerufen 11.3.2020).
11 Vgl. Linnemann et al. 2014.
12 Vgl. King Watts 2017.
13 Vgl. Linnemann et al. 2014.
14 Vgl. Nachbar/Lause 1992.
15 ebd. S. 7.
16 Vgl. Rath 2014a, 12.
17 Vgl. Dayan 1995.
18 Vgl. Freud 1966 (1919).
19 Vgl. Murphy 2011.
20 Vgl. Foucault 2009, 181ff. Die kursiv gesetzten Begriffe diskutiert Foucault eingehend und betont, dass es einer Genealogie nicht um die Suche nach so etwas wie einem Ursprung gehen kann: «Am geschichtlichen Anfang der Dinge stösst man nicht auf die noch unversehrte Identität ihres Ursprungs, sondern auf Unstimmigkeit und Unterschiedlichkeit» (184). Dennoch sei eine Genealogie als Erforschung der Herkunft und Entstehung zu verstehen, jedoch nicht im absoluten Sinne, sondern immer im Bewusstsein, dass diese perspektivisches Wissen sei.
21 Siehe hierzu etwa Zombie Research Society: www.zombieresearchsociety.com (aufgerufen am 24.3.2020).
22 Vgl. etwa Kirk 1974.
23 Žižek 1989, 81.
24 Vgl. Hoermann 2017, 157.
25 Vgl. Hoermann 2014, 63.
26 Vgl. ebd. 64.
27 Gudrun Rath würdigt die Arbeit von Garraway in ihrer Studie zu den literarischen Ursprüngen des Zombies, 2014.
28 Vgl. Murphy 2011.
29 Sheller 2003, 146.
30 Vgl. etwa Wadsworth 2016, Raymen 2018, Linnemann et al. 2014.
31 Vgl. Dayan 1987.
32 Vgl. Buck-Morss, 2009.
33 Vgl. Murphy 2011.
34 Vgl. Lucchelli 2016, 325.
35 Hoermann 2014, 64.
36 Vgl. ebd. 65.
37 Vgl. Hoermann 2017.
38 Seabrook 1929, 93.
39 HASCO unterhielt bis 1987 in Haiti Zuckerplantagen. Weinstein und Segal (1984) etwa sehen die durch politische Cacos-Unruhen in Haiti gefährdeten Geschäftsinteressen von HASCO als eine Ursache zur militärischen Besetzung von Haiti durch die USA, die von 1915 bis 1934 anhielt.
40 Seabrook 1929, 96.
41 Ebd. 101.
42 Vgl. ebd.
43 Ebd. 102.
44 Ebd.
45 Hurston 1938, 189.
46 Ebd. 190.
47 Ebd. 191. Die Fotografie erschien 1937 im amerikanischen «Life Magazine». Der haitianische Arzt Louis Mars von Mentor, der sie als Patientin mit Schizophrenie behandelte, bezweifelte Hurstons Version und beschuldigte sie der Pseudo-Wissenschaft (vgl. hierzu Hoermann 2017).
48 Vgl. Gelder 2000.
49 Vgl. Clark 1982.
50 Vgl. ebd.
51 Vgl. Gelder 2000.
52 Gelder 2000, 92.
53 Métraux 1959, 15.
54 Ebd.
55 Ebd. 59.
56 Ebd. 282.
57 Ebd. 281 ff.
58 Ebd. 283.
59 Zur Kontroverse: vgl. Booth, 1988.
60 Davis 1988, 107.
61 Davis 1988, 3.
62 Vgl. Ebd, 7ff.
63 Ebd. 10.
64 Von Regisseur Wes Craven (auch Nightmare on Elmstreet).
65 Alle Beispiele aus Ackermann und Gauthier 1991, 468.
66 Vgl. Ackermann/Gauthier 1991.
67 Ebd. 490.
68 Zombie-Attribute in der ethnologischen Fachliteratur sind u.a.: «No will, no consciousness, no memory, no recognition of relatives and friends, Eyes dull, glazed,

vacant, no facial expression, nasal voice, speaks little or not at all, eats and drinks without interest, moves slowly, keeps ist eyes on the ground». Gem. Ackermann/Gauthier 1991, 480 ff, Table 4.
69 Bei einer Studie von Gerald Bean et. al. (1987), zit. bei Ackermann/Gauthier 1991, 490.
70 Degoul 2014, 37.
71 Ebd.
72 Ebd. 39.
73 Ebd.
74 Ebd.
75 Ebd. 40.
76 Ebd. 42.
77 Vgl. Métraux 1959 und Buck-Morss 2000.
78 Siehe dazu Heady 2016 oder Garland 2015.
79 Sheller 2003, 141.
80 Sheller 2003, 146.
81 Dash 1998, xii.
82 Vgl. Ebd. 106.
83 Vgl. Ebd. 141ff.
84 Ebd. 135.
85 Oloff 2012, 35. Im letzten Satz zitiert sie Markman Ellis 2000.
86 Vgl. Pressley-Sanon 2014.
87 Métraux 1959, 15.
88 Hoermann 2017, 155.
89 Vgl. Hoermann 2014.
90 ebd. 63.
91 Murphy, 2011.
92 Ebd. 53.
93 Vgl. Rath 2014b.
94 Ebd. 50.
95 Ebd. 51.
96 Ebd. 57.
97 Vgl. Wadsworth 2016.
98 Linnemann et al 2014, 507.
99 Vgl. ebd. 511.
100 Vgl. Raymen 2018, 437.
101 Dayan 1995, 75.
102 Vgl. ebd.
103 Ebd. 36.
104 Ebd. 37.
105 Etwa die «amis des noirs», vgl. Buck-Morss 2009.
106 Vgl. ebd.
107 Gem. Buck Morss 2009: 1794 gegen die Franzosen, von 1794 bis 1800 gegen invadierende Briten, danach 1802 gegen Napoleon. 1805 gelang es Haiti unter Jean-Jacques Dessalines sich zu befreien und die Sklaverei und den kolonialen Status abzuschaffen. Vgl. S. 39.
108 Buck-Morss 2000, 833.
109 Ebd. 2009, 65.
110 Vgl. Buck Morss 2009, 63.
111 Ebd. 2009, 60.
112 Ebd.
113 Ehrmann 2014, 29.
114 Siehe dazu etwa Susan Buck-Morss 2009 oder Axel Honneth 2018.
115 Eine interpretationsgeschichtliche Systematik des Herrschaft-Knechtschaft-Kapitels bietet Karen Gloy 1985.
116 Vgl. Buck-Morss, 2009.
117 Vgl. ebd.
118 Hegels Begrifflichkeit frei zitiert nach Buck-Morss, 2009, 52 ff.
119 Vgl. Ottmann 1981.
120 Vgl. Gloy, 1985.
121 Vgl. Buck-Morss 2009, 53ff.
122 Honneth 2018, 79.
123 Kojève 1975, 59. Kursivsetzungen wie im Original.
124 Ebd.
125 Hegel 1817, zit. nach Ottmann 1981, 369. Kursivsetzung dort übernommen.
126 Hegel 1988 (1807), 132.
127 Ebd. 133.
128 Ebd. 129.
129 Ebd. 129.
130 Vgl. Buck Morss 2009, 42.
131 Kojève 1975, 68.
132 Ebd.
133 Hegel 1988, 134.
134 Ebd.
135 Vgl. ebd. 135.
136 Ebd.
137 Ebd. 136.
138 Ebd. 134.
139 Kojève 1975, 67.
140 Vgl. ebd. 11. Vorwort von Fetscher.
141 Honneth 2017, 16.
142 Vgl. ebd. 18.
143 Kojève 1975, 55.
144 Honneth 2017, 22.
145 Ebd. 23.
146 Honneth 2017, 26.
147 Ebd.
148 Ebd.
149 Ebd. 30.
150 Ebd. 28.
151 Kojève 1975, 57.
152 Honneth 2018, 32.
153 Ebd. 41.
154 Vgl. ebd.
155 Vgl. Davis 1988 oder auch Ackermann/Gaultier 1991.
156 Vgl. Ackermann/Gaultier 1991.
157 Vgl. Kojève 1975, 54.
158 Vgl. Honneth 2017, 19.
159 Kojève 1975, 66. Kursivsetzung im Original.
160 Vgl. Kojève 1975.
161 Vgl. ebd. 71.
162 Kojève 1975, 71. Kursivsetzungen im Original. Nachfolgende Ausführungen zu den Knechtschaftsideologien basieren auf dem Textabschnitt S. 71–88.

163 Kojève 1975, 75.
164 Kojève 1975, 78.
165 Hier eine assoziative Bemerkung: Es dürfte spekuliert werden, inwiefern das Zombieschema auch auf Jesus zutrifft: untot, depriviert, fremdbestimmt...
166 Kojève 1975, 86.
167 Vgl. ebd. 71ff.
168 Kojève 1975, 84.
169 «Dawn of the Dead». USA 1978. George Romero
170 Kojève 1975, 237ff. Kursivsetzung wie im Original.
171 Kojève 1975, 88.
172 «Walking Dead». USA 2010. Frank Darabont
173 Wadsworth 2016, 572.
174 Ebd.
175 Raymen 2018, 437.
176 Adorno 2006 (1959), 47ff.
177 Horkheimer/Adorno 2017 (1944), 34.
178 Zur theoretischen Verwandtschaft von Hegel und Freud: s. Clark Butler, 1976.
179 Freud 1966 (1919), 11.
180 Vgl. hierzu etwa Assef 2013; Mullen 2014; Dima 2014.
181 Freud 1966, 237. Freud zitierte Schelling indirekt ebd. 236.
182 Vgl. ebd.
183 Ebd. 247.
184 Ebd., 248.
185 Ebd., 256.
186 Assef 2013, 7.
187 Assef 2013, 6.
188 Lacan 2015b, 188.
189 vgl. Assef 2013.
190 Vgl. Mullen 2014. Muselmänner galten nach den Schilderungen Primo Levis als Gefangene, die geschwächt in ein Stadium apathischer Gleichgültigkeit verfallen sind und jeglichen Überlebenswillen aufgegeben hatten.
191 Kant 1999, 54 ff.
192 Assef 2014, 6.
193 Freud 1966, 247.
194 Lacan 2015b, 81
195 Freud 1966, 248.
196 Freud 1967 (1920), 3.
197 Vgl. Freud 1967.
198 Ebd. 22.
199 Ebd. 15.
200 Ebd. 17.
201 Ebd. 19.
202 Ebd. 37.
203 Ebd. 38.
204 Ebd. 40.
205 Ebd. 45. In einfachen Anführungszeichen: Freud zitiert hier Goethes Mephisto in Faust I.
206 Ebd. 69.
207 Nietzsche 2018 (1871), 29.
208 Vgl. Evans 2002,
209 Lacan (1964) zit. nach Evans 2002, 308.
210 Lacan 1991, 177.
211 Ebd. 178.
212 Vgl. Sigurdson 2013, 365.
213 Sigurdson 2013, 371.
214 Lacan 2015a, 245.
215 Kojève 1975, 55.
216 Žižek 2001, 52. Hegel verwendete diesen Term in den Jeanaer Systementwürfen III.
217 Žižek 2001, 51.
218 Hegel 1806, zit. nach Jaeschke 2016, 157.
219 Hegel 1988, 14.
220 Žižek 2001, 51.
221 Ebd. 52.
222 Žižek 2001, 52.
223 Hegel 1807, zit. nach Jaeschke 2016, 177.
224 Žižek 2001, 546.
225 Vgl. Lacan 1991, 19 ff.
226 Vgl. Seabrook 1929, 101.
227 Zur Beschreibung dieser Position, aus dem Wörterbuch für Psychologie: «Materialismus, funktionaler (= f. M.) [engl. functional materialism], [PHI], Funktionalismus, Materialismus; Auffassung zum Leib-Seele-Problem, wonach die Natur eines mentalen Zustandes weder in seiner Identität mit einem materiellen Zustand besteht noch auf einer besonderen Art von mentaler Substanz beruht, sondern durch seine funktionale Rolle in einem informationsverarbeitenden System bestimmt ist. Ein Schmerz z. B. ist danach ein Zustand, der durch die kausalen Beziehungen definiert ist, in denen er zu auslösenden Bedingungen, anderen mentalen Zuständen und zum Verhalten steht. Gegen den f. M. wird eingewendet, dass er den Erlebnisaspekt des Mentalen nicht erfassen könne.» In: https://dorsch.hogrefe.com/stichwort/materialismus-funktionaler (zuletzt aufgerufen 26.9.2020)
228 Weisberg 2011, 585.
229 Chalmers 2003, 106
230 Ebd. 103.
231 Vgl. Chalmers 2018, 7.
232 Chalmers 2003, 103 ff.
233 Ebd. 135.
234 Vgl. Chalmers, 2018.
235 Ebd. 10.
236 Vgl. ebd.
237 Vgl. etwa Weisberg, 2011, oder Frankish, 2016.
238 Dennett 2019, 55.
239 Dennett 2001, 16.
240 Dennett 2016, 67.
241 Dennett 1995, 322.
242 Ebd. 324.
243 Vgl. Dennett 2019, 52.
244 Vgl. Dennett 2016, 69 ff.
245 Vgl. ebd. 71.

246 Ebd. 71.
247 Dennett 2019, 56.
248 Vgl. Chalmers 2018, oder Nida-Rümelin 2016.
249 Evans 2002, 146.
250 Evans 2002, 251.
251 Vgl. ebd.
252 Chalmers 2015, 246.
253 Žižek 1989, 95.
254 Ebd.
255 Vgl. Métraux 1959.
256 Vgl. Pressley-Sanon 2014.
257 Vgl. Murphy 2011.
258 Vgl. Wadsworth 2016.
259 Vgl. Agamben 2004.
260 Linnemann et al. 2014, 507.
261 Vgl. Arantes/Rieger 2014.

Susan Fowler

Sensorische Stimulation

Verlag Hans Huber

Programmbereich Pflege